切るか、つなぐか？

建築にまつわる僕の悩み

山梨知彦

TOTO
建築叢書

装幀　中島英樹

まえがき

山梨知彦

四十を過ぎて、さらに惑う

この本は、建築のデザインを仕事としている僕の悩みを綴ったものだ。孔子は「四十にして惑わず」と言ったそうだが、それは賢者の話。僕ら凡人にとっては、40歳を過ぎても悩みは尽きることがない。

古くから、悩みは創作のネタとなってきた。ゲーテは、自らの若き日々の悩みに文芸的才能を注ぎ込み、『若きウェルテルの悩み』を書き上げ、悩みを清算し克服したのみならず、自らの芸術家としての地位を不動のものにしてしまった。ゲーテがまだ20代半ばの頃の話だ。これこそ、悩みと対峙するスタンスの理想型。クリエイターであるならばこうありたいところだが、現実を顧みればいささか高すぎるハードルと言わざるを得ない。

ゲーテの域に達することは無理としても、僕も、自らの現在進行形の建築にまつわる悩みを、建築の中でクリエイティブなかたちで清算したいと思い奮闘努力してきたつもりだが、残念ながらうまくいったことはほとんどない。建築をつくればつくるほどに、むしろ逆に悩みは膨らんできているのが現実だ。そんなわけだから、40代をとっくに過ぎたにもかかわらず、今も日々建築に悩んでいる。そういった、今も継続して格闘している建築の悩みについて、この機会をお借りして整理をしてみることにした。

悩むことが建築デザインの本質

思い返してみれば、建築家を志し、建築を学び始めた10代の終わり以来、僕は建築に悩まされ続けてきたような気がする。

学校の設計課題にどうこたえるべきかから始まり、良いデザインとは何か、それは誰にとってどう良いデザインなのか、そして行きつく先は、そもそも建築って何なんだ、だいたい僕は建築家に向いているのかなどなど、悩みは時にさまざまな方向に拡散し、時に深刻化していった。建築を学んだことがある人だったら、悩みの深さは人さまざまあれど、多かれ少なかれ皆こうして悩んできたのではなかろうか？　いやむしろ、悩み考えることにこそ建築の本質があるのかもしれない。

極論を言えば、建築デザインをすることとは、悩むことに自ら首を突っ込むことなのだ。建築では、所有者、エンドユーザー、前を通り過ぎる一般の人びと、行政関係者、施工者など、他のデザインの領域に比べてみると、膨大かつ立ち位置が極度に異なっている人びととの関係の調整が必要になる。そもそも合意形成が困難なほど立ち位置が異なる多数の関係者がいる状況で、デザインをするということそれ自体が悩ましい状況であるわけだが、これが建築デザインでは大前提かつ当たり前の状況である。建築をデザインすること、それ自体が悩ましい行為なのだ。

悩みを喜びへとリダイレクトする

とはいえ、最近この「悩み」こそが、「産みの苦しみ」なのかもしれない、とも思い始めた。あらゆる創作活動において産みの苦しみは避けて通れないのだろうが、苦しみの塊といえる建築のデザインをまとめた末に味わうことができる達成感は、また格別のものがあるし、これこそが悩みに首を突っ込む大きなモチベーションとなっているのかもしれない。

振り返ってみると、むしろ悩むことを楽しむことができた場合にこそ、自分の中に知らず知らずにかたちづくっている枠組みを超えたデザインへと到達できたようにも思える。これは、β－エンドルフィンなどのいわゆる快感ホルモンの増大によってもたらされるランナーズハイみたいなものなのかもしれない。困難な悩みとその解決への集中は、ランナーズハイならぬクリエイターズハイみたいな状態を生み出すのだろう。悩みを喜びへとリダイレクトすることが、建築デザインのひとつのコツなのかもしれない。

建築家はなくなるのか？

今、僕が直面している最大の悩みは、「建築家」それ自体が、なくなってしまうのではなかろうか？　というものだ。

僕ら建築を学んできたものは、当然「建築家が建築をつくる」と考えがちであるが実は今や、建築をつくるということ自体が、建築家によってリードされているか否かが危うい状況になっている。建築をつくるという行為が、経済活動と密接に連動する時代になった。現代では、多くの建築、特に大型の建築は、経済行為の一環としてつくられることがほとんどである。生産性を高めるために、与件を整理しマーケティングによるトレンド予測に基づき、「計画」が行われる時代になったのだ。ビジネスに関する諸データの蓄積から導かれる計画与件はますます複雑化して、古典的な意味での建築家だけでは対処できない状況になりつつある。実際、大型建築のプロジェクトにおける設計や施工の場は、建築家のみならずPM（プロジェクト・マネージャー）や多くのコンサルタントとの共同作業が当たり前のことになった。世の中の関心も変わり始め、建築の中で営まれる人びとのアクティビティへとフォーカスが向けられるようになり、かたちのみを扱っては、建築家はその足元をすくわれかねない状況になっている。

さらには、建築家が担う職能をビジネスと考えた場合の根本的な問題は、その収益率の低さと生産性の低さといった点にもありそうだ。現在のビジネスの潮流の中で、建築家は自らのデザインに費やしている時間や熱意に対して、適切なバリューを獲得できてはいない。古典的な建築家像に固執していては、建築家の存在自体が消えかねない時代が到来しているといっていいだろう。この問題はいわゆるアトリエ事務所の建築家たちに閉じた話ではなく、組織事務所にとっても深刻な問題である。

加えて言えば、そもそも将来を見越して予想し、それに合わせて建築や都市を

「計画」すること自体が困難であり、これまでとは違ったアプローチからのデザインが必要に感じられる。遅ればせながら、こんなことに僕も気がつき、悩み始めた。この状況の中、求められる建築家像やあるべき姿は、いったいどういったものになるんだろう？

建築を取り巻く状況が変化している

もっとも、変わろうとしているのは、建築家だけではない。建築にまつわる多くのプロフェッションが、今大きな変革の時にあるといえそうだ。建築をつくる主体であるクライアントも、建設する立場にあるゼネコンもここ数年過去最高の売り上げを更新して好調であるのだが、一歩先には建設を支える職人不足が待ち受けていると戦々恐々としている。事実、10年前までは日本では考えられなかった工事の遅延が最近では頻発している。その原因となっているのは、工場でのモノづくりと現場でのモノづくりの双方で人手が不足しているためだという。

事態は、建築家のみならず、建築をとりまく諸状況が今大きく変わろうとしていると捉えるべきなんだろう。もともと悩みの多い建築であるのだが、今という時代はさらに、建築や建築家それ自体が、社会の状況にどう追従して変わるべきか、そして変わっていけるのかなどなど、さらに悩みがどっさりと加算されている状況なのだ。

変わることが当然

建築が変わる、建築家がなくなるとさんざん騒いでしまったが、ちょっと冷静になればむしろ変わっていく方が当然であるという気もしてくる。たとえば、建築家自体を歴史的に振り返ってみても、そのあるべき姿というのは固定的なものではなく、時代によって変わってきたことは明らかだ。建築家の起源は、ギリシャ時代に遡れるとは教えられたが、その地位が確立したのはルネサンス期とされているし、近代建築家の概念を確立したと考えられる王立英国建築家協会（RIBA）の前身である英国建築家協会が設立されたのは、1838年である。建築の歴史は人類の歴史と共に存在する一方で、建築家とは誕生して200年に満たない概念にしか過ぎない、比較的新しいものであることが分かる。実は建築家が建築をつくるということ自体、比較的歴史が浅く、決して普遍的なものでない。

こうした視点から見れば、今眼の前で起きている建築家の危機的状況は、時代の変化の中で当然起こるべくして起こっていることとして捉えるべきもののようにも思われる。

ICTが建築を変える

とはいっても、人間が地球上に存在する限り、建築は必要なはず。人間がいる限り建築はなくならないだろうから、建築をデザインする職能も必要に違いない。古典的な意味の建築家は消えるかもしれないが、建築をデザインする仕事は世の中に残るはずであり、それを担う人も存続するはずである。

こんな状況の中、僕らはＩＣＴ（Information and Communication Technologyの略で、一般には情報通信技術と訳す。コンピューターを使った高度な情報処理技術や通信技術の総称）革命という、情報にまつわる大きな革命の時代に突入した。歴史を振り返ってみても、情報に関わる大きな革命が到来した時、モノづくりは大きく変わってきた。大きな話題となったユヴァル・ノア・ハラリの『サピエンス全史』（柴田裕之訳、河出書房新社、２０１６年）によれば、7万年前に起きたといわれる、人間が高い精度で情報を取り扱うことができるようになった「認知革命」で人は集住を始め、1万年前の「農業革命」で農作業情報を共有したことで大規模な定住が始まり、５０００年前の「数理革命」により大量の数値をデータとして扱えるようになり、大都市と大建築が生まれたとされている。さらに加えれば、15世紀には活版印刷技術が発明され、書籍は大量に複製され、知識階級を生み、建築家のような専門家を生み出し、ルネサンスへとつながったということとなる。こうした歴史を振り返ると、ＩＣＴにより引き起こされている現在進行形の情報革命は、人類のモノづくりや建築を大きく変革するはずであると類推したくもなる。ＩＣＴの発展により電話がスマートフォンへと変身したように、建築も大きく変わっていこうとしているのではなかろうか？

技術が先行し、ゴールが変わる

新しい時代が求めるゴールや課題が先にあり、そのために新たな技術が発明されると考えがちである。だから、多くの人がまずゴールを探し、次にそのゴールを実現しようとして新しい技術を発明しようとするのだが、この手順で物事を進めることは極めて難しい。実際には、ゴールを実現する技術は新たに発明されるのではなく、既存の技術の中から最適と思われるものを適用するのが実は一般的だし、ゴールと技術のマッチングを図る現実的な手順なのだ。

さらに言えば、実際の歴史を振り返ってみると、新たな時代の技術の方が先行して発明され、新たなゴールや課題は後付けで生まれてくることがたびたび起きている。いや実は新しい時代のゴールの多くが、技術に引っ張られて見出されてきたような気もする。例えば、エッフェル塔は産業革命の鋼材生産技術を誇示するために、まずはパリ万博のシンボルとして建設された。万博後に用済みとなり取り壊しとなった際に、当時進みつつあった電信技術のための電波塔として、時代に即した新たな役割が見出され、延命されたという。そのかたちと、電波塔としての役割をコピーし、ゴールとして最初から設定され建設されたのが東京タワーだった。技術は、課題やゴールに先行して生まれるほうが一般的なのだ。

先にも書いたように、建築や都市づくりはもはや一種の斜陽産業にも見えるのだが、現代のICTをけん引しているGoogle, Apple, Facebook, Amazonなど、通称GAFA（この4社にさらに中国のHuaweiとAlibabaを加えて、僕は勝手にGAFAHAと名付けているが）と呼ばれる企業がこぞって都市や建築づくりに興味を示している。彼らがICTのフィールドで生み出した新技術が、人類にとって必然ともいえる建築づくりを、新しいステージへと引っ張り上げられるかもしれないとの直感を、ＩＣＴの革命児たちは感じ取っているのかもしれない。

現在は、ＩＣＴが数々の技術を先行して生み出しているが、それが建築の新たなゴールをつくり出すことで、建築を、そしてそれをデザインする建築家を変えていくことは十分に想像し得る。建築はなくならないだろうが、今後その建築自体も、それをデザインする建築家の方も、大きく変わる可能性が高いと考えるべき時が来ている。

共に悩む

このように僕らは、建築のデザインやつくり方やそれらを支える技術や使い方のテーマやゴールが時代に併せて変化し、再設定されていく状況の真っただ中にいる。当然のことながら、状況の変化に合わせて、建築それ自体が抱える問題点も不可避に変化している。こんな状況の中、僕自身の現在進行形の悩みをこの本にまとめてみたのは、同じ悩みをもつ人とそれを共有し、共に悩むことで、個人で悩んでいては到達できない領域へと、悩みを昇華し得るかもしれないと思ったからだ。共に悩み、建築の新たな在り方を探ってみませんか。

目次

まえがき —— 3

第1章　切るか、つなぐか？　建築の原型に関わる悩み —— 17

1　どこまで遡って、建築を考えるか？ —— 18
2　「切る／つなぐ」建築の原型にまつわる悩み —— 19
3　うまくつなげない（1）インターフェイスに関わる悩み —— 30
4　うまくつなげない（2）内壁に関わる悩み —— 45
5　うまくつなげない（3）ドアに関わる悩み —— 51

第2章　インターフェイスはルーズであるべきか？　連歌のように都市をつなぐために 63
1　計画することの困難さ 64
2　ルーズなインターフェイスをつくる 72
第3章　計画か、アルゴリズムか？　都市や建築をつくる悩み 95
1　計画からアルゴリズムへ 96
2　インダストリー4.0　ICTがモノづくりを大きく変えようとしている？ 101
3　建築のABCDEis 108
4　ルーズなインターフェース　都市に軌道修正を加える具体的な方策として 138
あとがき 146

第１章　切るか、つなぐか？

建築の原型に関わる悩み

1　どこまで遡って、建築を考えるか？

僕の悩みは、仕事から始まる

建築デザインの世界に入って30年以上になるが、仕事がまったくなく、いわゆる閑古鳥が鳴くような状態を経験したことはない。仕事場で干されてやることが何も見つからない、といった状況を経験したこともなく、常にそれなりに忙しい日々を送ってこれた。ありがたいことだ。

もちろん、バブル崩壊やリーマンショック後の危機的状況下では、クライアントから依頼される仕事の数は確かに激減したが、仕事をつくり出すためのプロポーザルやコンペや自主提案に追われていた。おまけに、建築デザインのプロジェクトには、必ず締め切りが存在し、その締め切りに余裕があることはほとんどない。結果として、常に締め切りに追われ忙しく動いてきた。

だからどうしても、「建築とは何だろうか？」といったような、建築を原点にまで立ち戻って考える機会はなかなかつくれなかった。通常はせいぜい、建築が内包するプログラムと、建築空間の形状の整合などといった、建築の部分にまつわる問題を悩むことがせいぜいだ。結果的に、プロジェクトにまつわる作業が先行してそこで悩み、そのデザイン作業のプロセスの中で徐々にコンセプトを考え始め、それについて悩むという手順を取ることになる。実務家としての悩みは、常に仕事に直接関わるものが先行してしまうことで、建築の根源に関わるようなコンセプトといった本来重要なものは後回しになり、ついつい走りながら後手に回って考えざるを得ない状況に陥りがちであることだ。

今日の大型プロジェクトは経済活動と密接な関係をもつため、実務では、溢れ出さんばかりの要求やプログラムをどうやって敷地に詰め込むかとか、形態規制を満たしつつ有効率をいかに高めるか、いかにして最大の容積アップを獲得するかといった、あえて言えば金融工学的な悩みが支配的になることが多い。もちろん建築屋の端くれであるから、その金融工学的な悩みに、社会的な問題を重ね合わせて解き、大型建築にその図体にふさわしい社会性を併せもたせるといった意識は通奏低音のように心の中では鳴り響いているものの、日々の仕事では膨大な作業が発するノイズがそれをかき消してしまっている。

2 「切る／つなぐ」建築の原型にまつわる悩み

建築の原型について考える

僕にとって、建築の原型とは何だろうか？ 現代の日本、すなわち近代のヨーロッパにおいて確立された「建築家」を育てるための延長線上にある専門教育を受けた者ならば、まず頭に思い

ロジェの「原始の小屋」

浮かべるのは、「マルク・アントワーヌ・ロジェ」の名前と、彼が残した1枚のドローイングではなかろうか。ロジェは、18世紀フランスでイエズス会の司祭として活躍し、同時に建築理論家としても活躍した人物で、彼が著作『建築試論』（三宅理一訳、中央公論美術出版、1986年）の扉絵として用いた「原始の小屋」と呼ばれる、柱と梁と破風だけから構成された小屋の姿を、僕らは建築の原型のひとつとして教えられた。文明の違いによらぬ建築の原点にまで遡り還元したかたちとしてロジェはこの扉絵を提示したと教えられたものの、正直に言ってそこに見えるのは、ギリシャ建築の原型を感じさせる、立ち木を柱と見立てそこに木造の梁を差し渡し、その上に組んだ木造の勾配屋根をかけ渡した小屋の姿である。今の時代に生きる僕の目から見ると、いや「ひもろぎ」の伝統をもつ日本で生まれ育ったせいかもしれないが、ロジェの原始の小屋はいささか建築物としての構成が整い過ぎ、建築の原型と呼ぶには建築化され過ぎているようにも感じられる。恐れ多いことだが、ここはロジェの定義に異議を唱え、自分なりの、それでいながら同時代の人びとに共感をしてもらえるような、最も原初的な建築とは何か？について、無謀にも考えてみようと思い立った。これはすなわち、「自分が、何を建築と捉えるか」を自分自身に問いただす作業である。

連続した世界を分節する

最初に思いついたことは、建築を生み出す必要条件のひとつは、「そもそも連続したひとつながりの世界から、ある領域や空間を分節する」作業がそれにあたるのではとの考えだ。

これは、明らかに学生時代に記号論の洗礼を受けた、僕ら世代らしい捉え方といえる。なぜなら記号論では、そもそも世界とはひとつながりであり、それをわれわれはモノやコトに自らの頭の中で分節して、名付け、認識するものとされている。ただし、「そもそも連続したひとつながりの世界から、ある領域や空間を分節する」作業とは、モノやコトの認識のプロセスそのものであって、これだけでは建築と他のモノとを区分しきれてはおらず、不十分な定義ということにはなるが。

学生時代に「記号論的」なモノの捉え方の洗礼を受けた僕は、モノの認識を振り返るとなると、ほとんど反射的に記号論的な捉え方をモデルとして、自分自身のモノの認識の説明をしてしまう。本来はひとつながりの世界を認識する瞬間に、僕は世界を分節して捉え、自らの頭の中に認識をつくり上げてしまうのだ。すなわち、僕が認識したモノの総体とは、現実の世界そのものではなく、それを認識した結果頭の中につくり上げた、世界とでもいうようなものと捉えている。ここがすなわち僕のモノの捉え方の原点であり、限界なのである。

記号論的な捉え方

こうした記号論的捉え方を肯定して建築の原型とは何かを考え始めるのか、それともまずこの記号論的な世界観を疑うところから考え始めるべきなのか、それが最初の悩みだった。

僕自身は、記号論に影響を受けた世界観に加えて、世の中に正解という唯一のモノが存在することはないという信念もまたもち合わせている。この機会に記号論的なフレームワークの中でかたちづくられたモノの捉え方を疑い、他のまったく異なる捉え方もまな板の上に載せ、相互に比較検討する必要があるのではなかろうか、との疑問も感じ始めた。

例えば、記号論は認識とモノの存在の関係を見事に説明しているとはいえ、その説明自体もまたあくまでもひとつの認識である。人間が世界の一部を切り取り、モノとして認識し、頭の中にひとつの世界観を構築するプロセスをモデル化したものであり、本当の認識過程そのものとは異なるはずだ。世の中には世界観が頭の中に生まれ出るプロセスを、より的確にモデル化した新しい論理が今後も生み出されていくはずである。この機会にこそ、僕の頭の中にある記号論的な認識説明の図式自体をアップデートする必要があるのではとの気持ちも、もち上がってきた。

こういった時に参考となるのは、他の分野の先駆者やオピニオンリーダーが、いかに認識と世界観、すなわちこの世の中の原型について考えているかに触れることであろう。職能的に、最も精緻でかつ最新の論理とモデル化で世界の原点に迫ることを目指す学問のひとつともいえる物理学の専門家は、どのようにこの問題を捉えているのだろうか。

例えば、アインシュタインの共同研究者であり、ブラックホールの概念を世の中に広く定着させたジョン・ホイーラー（アメリカの物理学者。専門は一般相対世理論や量子力学。ワームホールの命名者として、ブラックホールという言葉を広く定着させたことでも知られる。1911－2008）は、「人間が宇宙を観測したから、宇宙は存在する」（参加型宇宙と呼ばれる）と、モノを認識することでモノやその総体としての世界観が個々人の頭の中に存在することとほぼ重なることを述べている。ホイーラーが、その成長過程で記号論の影響を受けたか否かは知らぬが、相対性理論において著しい業績を上げた科学者が、ほぼ同様の世界観を述べていることを目にして、今回の悩みの出発点を、「本来はひとつながりの世界を認識する瞬間に、僕は世界を分節して捉え、自らの頭の中に認識としての世界観を個別につくり上げる」と設定することにした。

ちなみに、人間の認識によりそれぞれの人間の脳の中に異なる世界観が認識されているとすれば、人間の数だけ、いや観測のたびに新たに世界が分裂していると捉えるべきで、これは物理学の世界では、「多世界解釈」（宇宙自体はひとつだが、観察や解釈ごとにそこから異なる世界が見える、という概念）と呼ばれるヒュー・エヴェレット（アメリカの物理学者。1930−1982）により提唱された量子力学の新しい解釈とぴったり重なるものでもある。多世界解釈については、別の機会に考えるとして、ここではホイーラーの「人間が宇宙を観測したから、宇宙は存在する」というモノの捉え方に集中したい。

ホイーラーのモデルを借りて、建築の原点を考える

それではホイーラーの世界観の認識のモデルを、建築の認識のモデルとして適用しつつ、「本来はひとつながりの世界を認識する瞬間に、僕らは世界を分節して捉え、自らの頭の中に認識としての世界観を個別につくり上げる」を、次は建築のスケールに落とし込んで考えてみたい。そもそも僕自身が世の中の何を「建築として捉えている」のかをまず問題に据えて、それを思い悩むことがこの章の目指すところであった。従って、ここでは建築の原点について考えてみたい。

原点を考えるということは、数多ある建築のどれにも当てはまること、つまり普遍的であることが理論追究においては暗黙の了解であるが、学者でも哲学者でもない僕にとって、そのアプローチはいささか荷が重過ぎる。そもそもこれまで建築と呼ばれてきたもの自体が大きく変わり分解しつつあり、建築の概念そのものが大きくその範囲を変えつつあるのが現状ではないかとの思い

もある。ここではいわゆる僕自身が手掛けることが多い都市建築にターゲットを絞って考えることで、理論とモデルの簡略化、平易化、議論の進め方の単純化を図ってみたい。

建築とは、周辺世界に対して「切りつつ、つながった」場をつくること

最初にイメージとして浮かんだのは、「建築とは、目の前のひと続きの世界から一部を切り取り、独立した世界観を生み出す行為である」という考え方であった。ただし、完全に切り離された空間は建築として成立し得ず、「切る、つなぐ」の妙味の中で建築は成立する。つまり、切り取られた内部が存在し、その内部が存在することを感じ取れるような状態、つまり建築であるためには完全に閉じるわけにはいかず、内外が「切りつつ、つながった」状態に置かれる必要があるということだ。そしてむしろ、「切りつつ、つながった」曖昧な状況そのものが、建築の妙味ではあるまいか。周辺世界から切り取られた内部空間が、周辺世界と「切りつつ、つながった」曖昧な状態に置かれることで、人は内部空間に入ったり、内部の様子を見たりする。このように内部をつくることで内外の空間の存在を認識できる状態が生まれた瞬間に、そこに建築というモノが存在し始めるのではなかろうか。つまり建築とは、周辺世界に対して「切りつつ、つながった」場をつくることなのだ。

かつて、目の前にあった一連の世界は「都市」や「自然」と呼ばれ、アプリオリ（もともとはラテン語であるが、カントが哲学用語として、すべ

ての経験に先立ち「先天的」に存在し、自明的な概念を意味することを指す言葉として用いられた。建築デザインの世界では、しばしば「先天的」もしくは「超越的」な存在を指し示す際に用いる）に存在するものと考えられていた。そして、そこから切り取られた世界観は「空間」と呼ばれ、その空間を切り取る作業もしくは切り取る器が「建築」と呼ばれるというシンプルな構図があった。しかし、都市が生活の舞台となり、環境の保全が人類の大きな課題となり、ＩＣＴが生活の中で大きな存在感を占めるようになった現代では、空間のみならず、環境や情報、さらにはそれらが織りなすアクティビティや感情といったものも含め、それらをいかに「切る／つなぐ」かを考えることが、今日の建築が担うべき課題となり、原型に対する視座も変わり始めてきた、と考えられそうである。

従って、今日、世界中の建築家は、一連の世界の中からその一部を切り取り、その切り取られた一部をどのように元の一連の世界へとつなぐことで、生活や働くための場を生み出し得るかを試みながら、奮闘しているといえるのではなかろうか。

引戸、掃き出し窓、縁側、暖簾、格子

そもそも日本の伝統的建築は、建物内部と外部空間とを微妙に切りつつ、つなぐ手法に長けていた。その代表的なものとしては縁側が挙げられそうだが、他にも引戸、掃き出し窓、暖簾などが思い浮かぶ。これらは単独でも機能するが、互いに組み合わされ連携して効果的に建物内外をつなぐ。世界的に見ても、このような内外をつなぐ多数の建築ボキャブラリーが組み合わされ、実

装されている建築は珍しいのではなかろうか。いずれにせよ、これらは日本建築の内外を緩く曖昧につなぎ、人びとのアクティビティを巧みに制御してきた。

ドアは、原則として「開いているか／閉じているか」のいずれかで、デジタル的な操作しかできない。これに対して、引戸は開いた分に合わせてアナログ的にコントロールできるという特徴をもつ。建築の妙味が建物内外の「切る／つなぐ」の微妙なコントロールにあると考えるならば、引戸は極めて都合の良い仕組みをもっているといえる。

掃き出し窓は、建具の下端が床と同一レベルになった開口部で、通常は引戸が採用される。名前から察するに、そもそもはほうきでごみを外部に掃き出すための開口部が始まりであろうが、室内に用いられる襖や障子と共に、内外の空間を連続させるための強力なエレメントになっている。日本では、縁側に面した建具はほぼ掃き出し窓になっているが、お隣の韓国では「テンマル」(日本の縁側と類似した屋外に面する板の間空間で、オンドルとともに韓国民家の特徴的なエレメント)という韓国式の縁側が必ずしも掃き出し窓状の建具と組み合わされていないことからも、掃き出し窓は日本の特徴的な、建物内外の空間を連続させるためのエレメントといってよさそうだ。

さらに、暖簾も、おそらくはブラインドやカーテンと同様、視線や光や風の制御のために生まれた装置だと思われるが、同時に人間がそこを通過できるようになっている点で、より人間のアクティビティに直結した建築的エレメントといえるのではなかろうか。

加えて、格子である。世界中の建築で見ることができるエレメントでもあり、現代建築においてもルーバーと呼ばれ多用されているが、多くの場合は外部からの光や視線の流入を防ぐ、すなわち切るための仕組みとして用いられることが多い。一方、日本の伝統的な建築においては、格子は室内外の明るさの差異を利用し、外部からは見通すことができないにもかかわらず、内部からは外部が見通せる、切りつつ、つなぐ役割として用いられることが多い。建築が密集する都市において、プライバシーを保ちつつ内部空間を外部へとつなぎ、微妙な連続感を生み出すための必須エレメントとして重用されてきた。

これらに共通した特徴は、物理的に強固に内外を分断するのではなく、イマジナリーに緩く分断する境界線を残した上で微妙に破り、内外のつながりの妙味を物理的にも、視覚的にも、アクティビティ上も、精神的にもつくりだし、豊かな空間を生み出している点にある。

境界を微妙に切り、そしてつなぐ手法は、これら建築のディテールレベルのものに限らず、暮らしの中のより大掛かりなスケールでも多数存在する。例えば、弥生時代の墓である方形周溝墓の周囲には、実用的とは思えない結界として、わずか幅1〜2m、深さ1m足らずの溝がめぐらされていたが、視覚的には溝の内外は緩くつながっていた。また平城京や平安京には都市の周辺を囲む城壁がないにもかかわらず、主要な都市内部へのルート上には象徴的なゲートとして門が設けられていた。社寺建築では、目に見えない結界を設定し、その結界上に神社には鳥居が、寺では門が幾重にも設けられ、建築的な奥行きをつくり出している。これらに見える現象とは、バウンダリー（エレメントを相互に分かつ境界）であるはずの結界が、いわばインターフェイス（エレメントを相互につなぐ接触面）とでもいったものに生まれ変わり始めていることである。結界は消えるのではなく曖昧に破られ、結界の内外につながりが生まれ、人間が物理的に移動できるようになったり、視覚的に垣間見れたり、光や風といった環境的要素を取り入れることができるようになり、さらには境界の向こう側に別の空間が感じられるという気配が生まれる。ここでは、境界はバウンダリーからインターフェイスへと変容しているのだ。

　このように、日本の伝統的な建築やまちづくりは、建築と外部空間とをつなぐインターフェイスづくりの手法に長けていたといってよさそうだ。おそらくは島国であるため、元寇などの稀なる例を除けば外部からの侵略者の流入もほとんどなく、大和朝廷が成立して以降は戦国時代まで国内の紛争が極めて限定的で、、防備のための強靭な壁や城壁の類を必要としなかったことや、気候が温暖なゆえに、建物外周部に強固な外壁を必要としないことなどが、こうした境界を曖昧に切り、内外をつなぎ、インターフェイス化することを助長し、強靭な結界としての外壁をもたない建築を生み出したのかもしれない。

3　うまくつなげない（1）　インターフェイスに関わる悩み

ここまでに書いてきたようないきさつで、ひとつながりの世界からある場所を切り、その上でいかにその内外をつなぐか、こんなところに建築の原点があるのではなかろうか、と僕は考えるようになった。

そして切ることはむしろ容易で、いかに境界を残しつつつなぎ、インターフェイス化するかに、現代の日本の建築的な課題があると考えるようになった。では次に、現代の日本の建築を「切る／つなぐ」の視点から眺めた時に、浮かび上がってくる具体的な悩みについて考えてみたいと思う。

3つの悩み

悩みは、大きくは3つの方向に広がっているように思っている。1つ目は、僕自身が手掛けることが多い高層ビルに関わるもので、内外を「切る／つなぐ」という視点から見た高層ビルの外装に関わる悩みである。言い換えれば、「外壁に関わる悩み」といえるかもしれない。2つ目は、これまた建築の原点に関わる悩みで、廊下と個室の間の「切る／つなぐ」に関わる悩みである。これは、「内壁に関わる悩み」といえるだろう。3つ目は、建築が外部の世界や社会との「切る／つなぐ」に関わる悩みで、言い換えれば「出入り口に関する」悩みといえそうだ。以後、一つひとつその悩みを打ち明けていきたいと思う。

外壁に関わる悩み

日建設計という組織に所属する僕にとって、大型のいわゆるオフィス建築の設計は、基本中の基本である。僕らの建築家としての人生は、オフィス建築に始まり、オフィス建築を通して設計を学び、オフィス建築に終わる、といっても過言ではない。僕らにとって、オフィス建築は、ちょうどアトリエ建築家にとっての住宅のような存在といえる。僕らはオフィス建築の設計を通して、建築デザインのイロハを学び、建築の手掛かりを考える手法を学ぶのだ。だから、「切る／つなぐ」について、僕自身が実務の中で何を考えていたかを振り返ってみると、やはり原点はオフィス建築の中から探っていた。

摩天楼の登場は、一般には、産業革命により鉄骨の量産化が進みそのコストが下がったこと、エレベーターという垂直移動設備の安全性がエリシャ・オーチスの発明（エレベーターを昇降させるワイヤーが切れても、エレベーターが落下しないための安全装置）により確保されたこと、そして人工照明技術と人工空調技術が登場したことが並び立ったためだと説明される。その技術の中でも人工空調技術は、外壁とガラス窓により摩天楼の内部が外部から遮断されることを「当然」にしてしまった。そこにミース・ファン・デル・ローエの描いた「フリードリヒ街のオフィスビル案」や「ガラスの摩天楼案」などのドローイングが喚起するイメージが重ね合わされ、摩天楼の外壁は窓が開かれることのないカーテンウォールへと変化を遂げていくことになり、オフィス建築の原型的なものが出来上がった。

この原型は、今でも多くのオフィス建築に影響を与え続けていることは明らかだ。多くのオフィス建築は、わずか数ミリメートルの厚さのガラスに包まれるために、視覚的には内外の連続性が感じられる。だが一方で、空気的には遮断され、窓を開けることもできず、外部に出るためのバルコニーもそこにはない。内外をいかに「切る／つなぐ」かを考えることで建築としての妙味が生まれるはずなのに、外界との物理的な距離はわずか数ミリながら、環境的には厚い隔たりとなっているカーテンウォールの外壁が「当然のモノ」として疑われることなく受け止められ、オルタナティブ（代わりとなる選択肢）がほとんど検討されてこなかったことは、改めて考えてみると実に奇妙なものだ。

その奇妙さは、超高層マンションの外装と比べてみると際立ってくる。日本の超高層マンションは、火災時の安全性や避難ルートの確保から、外周部にバルコニーが配されていることが多く、そのバルコニーに対して、掃き出し窓を備えた極めて特徴的な、日本固有ともいえる外壁形式をもっている。掃き出し窓は通常は引き違い建具であり、バルコニーをちょうど縁側に見立てたような構成になっていて、高層建築でありながら、内外が連続した外壁をもっている。縁側を感じさせる外装システムともち上げてもよさそうだ。残念なのは、バルコニーの幅が２ｍを超えるとその部分の床面積が容積率のカウント対象となるため、結果として奥行きは２ｍに留まり、食事をするなどといったアクティビティが行いづらく、生活の場となり得ていないことである。とはいえ、2mの外壁システムではあるが、環境的、そして心理的には、わずか数ミリのビル建築の外壁に比べはるかに建築の内外をスムーズにつないでいるようにも見える。オフィス建築同様の超高層建築であっても、こうしたまったく異なる外壁形式をマンション建築はもっている。高層ビルというカテゴリーの中で、かなり考え方や成立過程が異なる外壁形式が、当たり前のように共存していることを面白いと感じていた。

911

2001年当時、僕自身のオフィス外壁への興味は、世界的なトレンドであったガラスのダブルスキンへと集中していた。透明度の高いガラスを用いて、建物の内外の視覚的連続性を保ちつつも、2枚のガラススキンの間にブラインドなどの日射をコントロールする装置を組み込むことにより、日射遮蔽や熱還流率を高め、環境に優しい外壁を構成しようという試みである。

ダブルスキンの建築を手掛けている最中の9月11日、乗っ取られた飛行機がニューヨークのワールドトレードセンターに突っ込むという、予想もしなかったテロが発生した。最終的に数千人の死者を出すことになったこの事件は悲惨なものであったが、建築家の間では特に、摩天楼が一気に倒壊するパンケーキクラッシュと呼ばれる現象についてさまざまな意見が交わされていた。

そんな中、僕の頭の中には、その直前に起こっていた現象がこびりついていた。テレビに映る惨状に心を乱されていたため、記憶は正確でないかもしれないが、こんなシーンが頭の中に残っている。最初は、ワールドトレードセンターのひび割れたガラスの外装から、煙に巻かれた人びとが外の空気を吸うべく身を乗り出すようにしていたシーンが放映された。それがやがて、煙にまかれ逃げ場を失った人びとが10㎝にも満たないであろうカーテンウォールの水平サッシュを頼りに、外壁の外側に張り付くように煙を逃れるシーンが流れた。次に突然映ったのは、ズームアウトされたビル全体で、外装に沿って灰のようなものがちらちらと落ちていくシーン。よく見ると、外壁に張り付きながら逃げ場を求めていた人びとが煙から逃げ場を完全に断たれ、ビルを飛び降りたシーンだった。

もしもこの時、ワールドトレードセンターの外壁に、たとえば日本のマンションに見られるようなバルコニーがあり、それをつなぐ屋外階段が設置されていたら、多くの人びとの命を救うことができたのではないだろうか？ テレビを見ている最中に、こんな悩みが首をもたげ始め、その悩みはその後も繰り返し繰り返し、僕の頭を巡ることになる。

内外につながりを生むインターフェースとは

ビル建築にバルコニーを実装することでこの悩みを解決できないものかと考え始めた。ただし

「木材会館」外観

バルコニーの実装にあたって一律に「911」を引用してその必要性を説明することは、なぜだかルール違反にも思え、個別のプロジェクトの特性からバルコニーの必要性や有用性をクライアントに説明し、同意を得て、バルコニーをもったビル建築の設計をしようと思った。

最初にバルコニーをファサードに実装したビルの事例は、「木材会館」（2009年）である。「木材会館」は、東京木材問屋組合が所有する高さ35mほどのオフィスビルで、外装と内装、そして最上階7階の屋根構造に木材を用いたオフィス建築である。手前味噌にはなるが、都市の大型建築での木材の利用という今日隆盛なトレンドの先駆けとなり、話題になったビルでもある。耐火木造がまだ一般的でなかっ

「木材会館」インターフェイスとしての外装

たため、内装においては避難安全検証法（建築基準法に定められた仕様規定によらず、安全に避難できる方法を検証し、建築許可を受ける法的手法）を用いて木質化を、最上階7階の屋根構造については耐火検証法（主要構造部が耐火構造ではない建築物において、一定の技術的基準に適合することを示し、建築許可を受ける法的手法）を用いて木造化を図った。外壁においても自主的な検討を行い、安全に配慮しつつ、適材適所をコンセプトにビル建築における木材を利用するにふさわしい場所を見極め、不燃加工することなく用いている。

　もちろん、ここでの木材の利用は法に則り、不燃材や耐火構造と同等以上の安全性の確保を前提に許可を得ている。とはいえ、当時は都市部の大型建築での木材の利用はほとんど見られず、木材は燃えやすく大型建築への利用は難しいとの偏見にも似た考え方が強くはびこっていた。そこで木材を利用する以上は、火災時には建物に基準法が定める以上の安全性を確保することを目指して、各階にバルコニーを設け屋外避難階段で地上に直結する計画を提案した。

各階に設けられたバルコニーは、非常時には新鮮な空気が得られる安全な避難経路として機能するわけであるが、通常時には縁側のように建物の内外を連続し、半戸外の拡張されたワークプレイスや、リフレッシュ空間として使えるようになっている。2〜3mの物理的な奥行きをもつ外壁ではあるが、オフィスビルには見られない内外の密接なつながりを生み出すインターフェイスとしての外装をつくりだすことができたように思っている。

バイオスキン

「NBF大崎ビル（旧ソニーシティ大崎）」（2011年）では、さらに大型の高さ100mを超えるビル建築でのインターフェイスとしての外壁の実装と、インターフェイスを利用した環境装置の開発を目指した。

「NBF大崎ビル」は、研究開発型のラボ兼オフィスを目指していたので、通常は低層で計画されることが多い研究所に劣らない安全性を確保し、ここに勤務する研究者に安心していただくために、ワークプレイスの3方向にバルコニーを巡らすことにした。防災評定（かつては、一定規模以上の建物の建築確認申請を提出するにあたり義務付けられていた安全性を評価するための手続き）ではこれが大型建築でありながら、分かりやすく効果的な2方向避難を確保する手

「NBF 大崎ビル（旧ソニーシティ大崎）」外観

法と高く評価され、ビルの長辺の長さが130mを超える長大なビルながら、特別避難階段は2か所だけ設置することでOKとされた。さらにこのバルコニーを利用して、常時使える環境装置をつくることはできないかと考えてみた。

アイデアとしては、東京の都心部では排水経路の脆弱さのため貯留が義務付けられている雨水の活用である。雨水をバルコニーから蒸発させることで発生する気化熱で外壁や建物周辺の空気を冷やし、ヒートアイランド効果を抑制するという、後に「バイオスキン」と名付けることになるシステムである。具体的には、エントランスがあり人通りがある建物東面向きのバルコニーの手すりを陶器のパイプでつくり、夏季の晴天時には太陽電池で

「NBF大崎ビル（旧ソニーシティ大崎）」バイオスキン

作動する小型ポンプで雨水を陶器パイプに送る。陶器パイプの表面には水がじんわりとにじみ出し、それが蒸発することによる気化潜熱を利用して外壁面を冷却する仕組みである。同時に陶器パイプが吸収する気化熱により冷やされた空気がバルコニーに溜まるといった、これら複数の効果の組み合わせにより、ヒートアイランドを抑制するまったく新しいインターフェイスとしての外装をつくろうというチャレンジだった。

設計時にはコンピューター・シミュレーションにより効果を予想したが、竣工して実測をしてみると、ほぼ期待通りの効果を発揮していることが分かった。気化熱のみで冷やされた陶器パイプ自体は、最大で12度を超える表面温度の低下を記録し、その結果バルコニー面や地表面の気温は周囲より2度ほど低下する効果が得られた。2度というと微々たるものに聞こえるが、地球温暖化とヒートアイランド現象の相乗効果により、東京の気温は100年前と比較すると3度ほど上昇し、そのうちの2度ほどの上昇分は、実はヒートアイランド現象によりもたらされているという事実を知ると、バイオスキンが外部のエネルギーをまったく使わず、建物を2度ほど低い空気で包み込み、同時に周辺の地表面を2度ほど低減させることができることは、非常に意味のあることだと思う。もっとも、バイオスキンが蒸発させた水蒸気が与える環境面でのインパクトについての評価は現時点においては定まっておらず、この点についてはさらなる研究が必要である。バイオスキンは、2mものバルコニーをもつ厚い外壁ではあるのだが、雨水を気化させる際の潜熱を利用して都市のヒートアイランド現象を抑制するという地球環境的には近隣と密接なつながりをもった、超高層ビルとしては極めて稀なるインターフェイスなのである。

エコシェルフ

引き続き「ラゾーナ川崎東芝ビル」(2013年)を見ていただきたい。このビルでは、バルコニーとルーバーによって構成される外装が、ビルの4面全周を取り巻いていて、「NBF大崎ビル」と同様に、奥行きの深いメガフロアに、分かりやすくかつ効果的な2方向避難のルートを生

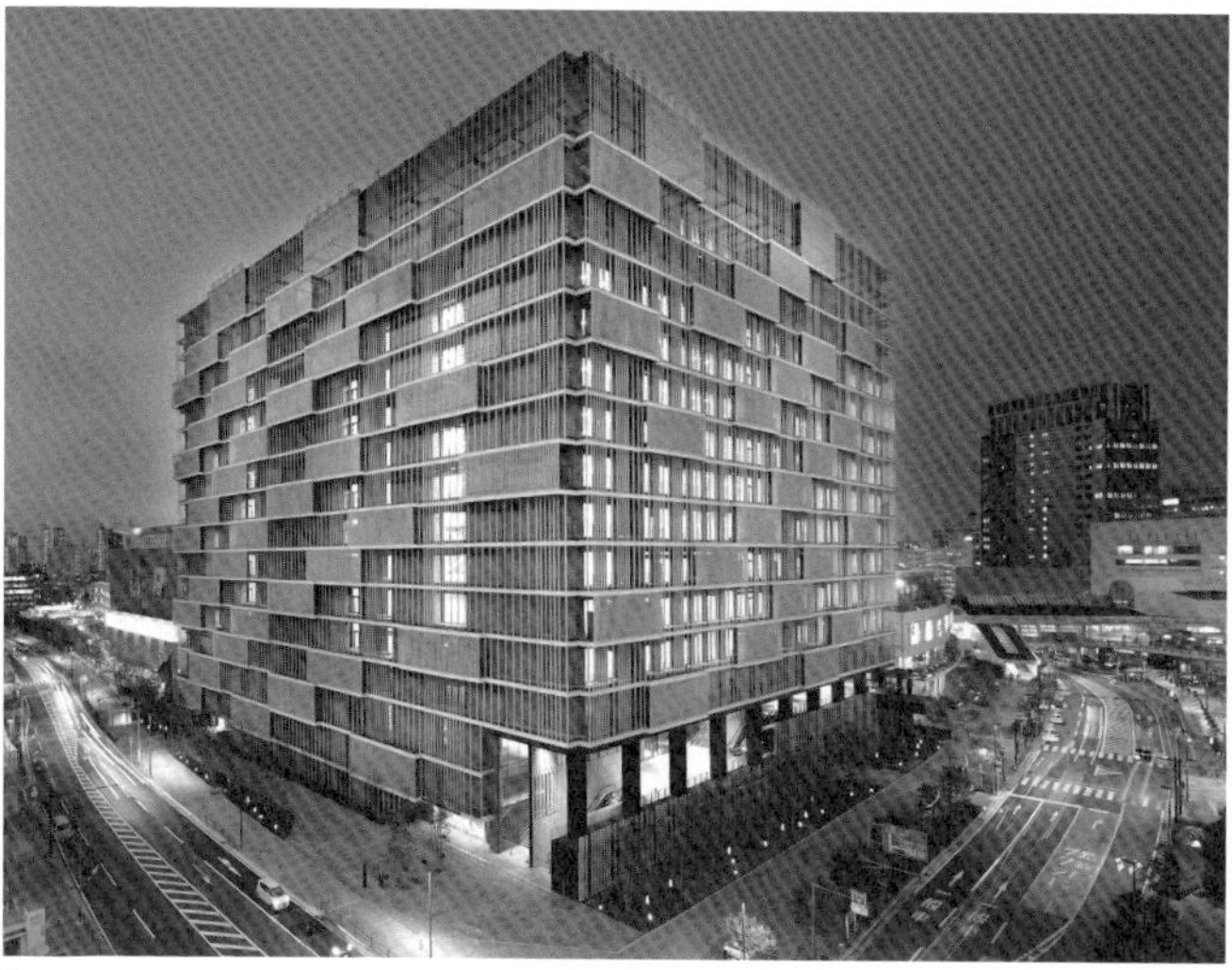

「ラゾーナ川崎東芝ビル」外観

み出している。ビル全体が一辺約81mのキューブ型をしてるため、ワークプレイスの奥行きが深く眺望は期待できないことから、この計画では外装を「エコシェルフ」と名付け、設備の増強や改変といったアドホックな要求をのみ込むための設備設置スペースと避難ルートの双方に兼用するインターフェイスとしてデザインをまとめた。

具体的には、インターフェイス上に設置する空調室外機を、相互の熱の影響が最小となるように最も離散的な配置となるパターンをコンピュテーショナル・デザイン（建築物をデザインするにあたり、建築家が最終的なかたちを直接決定するのではなく、建築家はアルゴリズムなど、かたちを決定するルールのみを決定しコンピュータープログラム化する。最終的なかたちは、プログラムに周辺環境などを変数として作用インプットすることで決定していくデザイン手法）の方法で算出し、その位置を決定した。窓は、自然光だけである程度の照度が確保できるように、空調室外機を避け

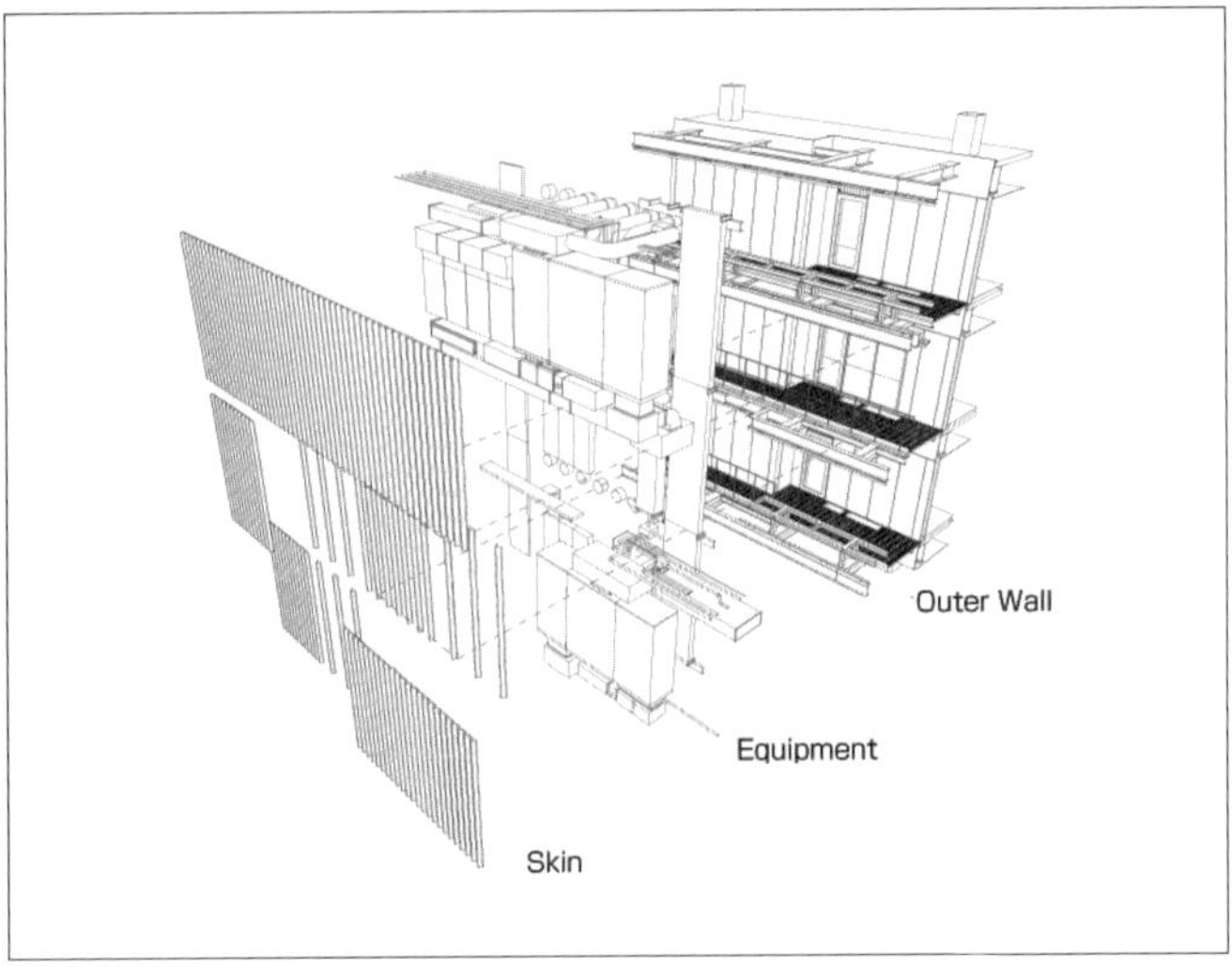

「ラゾーナ川崎東芝ビル」エコシェルフのシステム

「ラゾーナ川崎東芝ビル」エコシェルフ

た位置に設けた。次に、既成品の有孔折板をルーバーと見立て、空調室外機の前ではそれを隠すように密に配置した。さらに窓の前では直射日光が差し込むことがないように配慮しながら、日本の伝統的な格子窓のように、内部から外部の見通しを確保し、建物の内外に連続感が生まれるようなインターフェイスを実現した。

次なる悩み

最近ではさらに、インターフェイスとしての外装にエレベーターホールや廊下はもちろんのこと、ワークプレイスのアクティビティを取り込み、内外の連続感を生み出せないものかと考えて検討を進めている。

図式的に言えば、オフィス建築でいうところのワークプレイスのみを屋内にして、居室以外の空間を厚みのある屋外扱いのインターフェイスと見立て、ダブルスキン状に居室を包み込むような形式を考えている。厚みのあるインターフェイスの止水線は居室側にし、実質的にはバルコニー状の屋外空間にして、外周側を開口率50％の外皮で包んだようなイメージだ。

この結果、エレベーターや廊下を移動した際の空間体験も、これまでのビル建築とは異なり、内外空間が入り混じったポーラス（スポンジのように、内部に泡状の空隙をもった様子）なインターフェイスの中を移動するといったユニークなものになる。50％の開口率をもたせる外皮にもひと工夫する。よく見かけるルーバー状

デジタル・ファブリケーションと伝統工芸によるファサードイメージ

の外装ではなく、薄い金属板を立体整形して強度をもたせた安価なユニットをフレキシブルなジョイント金物でつないだ外装で、全体はストッキングのような追従性をもたせ、内部に包み込まれたバルコニーや建築の形状を薄っすらと表面に映し出すような仕組みを考えている。

薄い金属板を立体整形したユニットも、立体的な形状をなすことで、雨水の浸入を抑え、日射を制御し、外壁全体の温度上昇を抑えることができる。形状の決定についてはコンピュテーショナルな手法を用い、周辺の建物形状や方位や高さから、目的に対して最適な形状を割り出し、デジタル・ファブリケーション（コンピューターで直接数値制御された工作機械やロボットと、デジタル情報で記述されたＢＩＭなどの設計図をつないで行う施工方法）と伝統工芸的な制作方法を組み合わせて、一つひとつに個別な形状を与える方向で検討を進めている。近く、実際のビル建築に実装したかたちで、発表できればと考えている。

こんな具合に、インターフェイス自体は物理的にはある厚みをもちながらも、わずか数ミリの厚みしかないガラスで構成されたこれまでの一般的なカーテンウォールよりも、はるかに内外に強い連続感や環境とのつながりを生み出すことができないかを試みてきた。今後もこうしたインターフェイスとしてのファサードの追求は、僕の中で大きな位置を占める建築的テーマであり、悩ましい問題なのである。

4　うまくつなげない（2）内壁に関わる悩み

内壁に関わる悩み

外界から外壁によって切り取られた建築の空間をわかりやすく、印象的にかたちづくるには、内部をひとつながりの空間、つまりワンルームにしてしまうに限る。でも多くの建築は、さまざまな機能や用途を内部に収める必要があり、かつその用途や機能ごとに部屋を設けることが通例であり、建築の内部には外壁に加えて新たに内部空間を仕切るための内壁が必要になってくるわけだが、この内壁がまた悩ましい存在だ。

僕自身がデザインを手掛けることが多いオフィスビルでは、オフィス空間そのものにしても基本は大きなワンルームであり、エントランスホールにしても内外がガラススクリーンでは仕切られてはいるものの、極めて外部空間と連続性が高い空間で、内壁で悩む機会は少ない。唯一、エレベーターホールと廊下とワークプレイスを仕切る部分とトイレ周りにわずかながら内壁が存在するのだが、残念ながら多くのオフィスビルでは、そのわずかな内壁がうまい具合にデザインされていない。そのため、廊下は多くが退屈な空間になっている。うまくデザインされているものの多くは、廊下の内壁を建具的に処理して内壁としての存在感を消すような手法を取っている。これはこれでひとつの手法であるが、何とか内壁を使って廊下とワークプレイスの関係に機能的に必要な「切る／つなぐ」の状態を生み出し、廊下が残余空間ではなくオフィスビルの建築的なバリューを高めるようにデザインできないものだろうかと考えていた。

監獄にしない内壁の工夫

そんな時にちょうど、「桐朋学園大学調布キャンパス1号館」（2014年）（2019年に日本建築学会賞（作品）受賞）の設計を担当させていただくことになった。機能は音楽大学の教室である。設計に先立ち、10校ほどの音楽大学の校舎を見て回ったが、不思議なことに特有な雰囲気

「桐朋学園調布キャンパス1号館」2階内観

を共通してもっていると感じた。誤解を恐れずに言えば、監獄のような雰囲気なのだ。芸術を学ぶはずの空間が監獄のような有様をもつというのは皮肉な話ではあるのだが、次のような理由が、監獄のような雰囲気を生み出しているように思えた。

音楽大学の校舎は主に、レッスン室と、複数のパートの練習を行うためのアンサンブル室と、練習に明け暮れ学校の滞在時間が長くなりがちな学生のための休憩室から成る。一般的なプランニングとしては、まず外壁の位置を決定し、その後にそのボリュームの中に2枚の内壁を配して中廊下を通し、さらにその両側のボリュームをさらに内壁で軒割《のきわり》にする。部屋から中廊下へ、また隣接する部屋から部屋へは音漏れを防がなければならないが、安

「桐朋学園調布キャンパス１号館」外観

価で確実な遮音壁はコンクリートであるため、中廊下に面する内壁や、レッスン室間の内壁はコンクリートとなりがちである。せっかく内壁に厚いコンクリートを使うならば、それは構造体としても使うこととなり、構造体は壁式ＲＣ造となる。多層に積層した教室群は、基本的には中廊下の両側に同じような部屋が並ぶ結果、まさに監獄のような形式になってしまう。

各個室は、廊下から内部をうかがい知ることができないため、扉には内部を覗き見るための小窓が設けられたりするので、監獄感は嫌でも増してしまう。コスト的理由から廊下に面する建具の遮音性がさほど高くない場合は逆に救われる。なぜなら、レッスン室内部の音楽が廊下にわずかに漏れ聞こえることで、

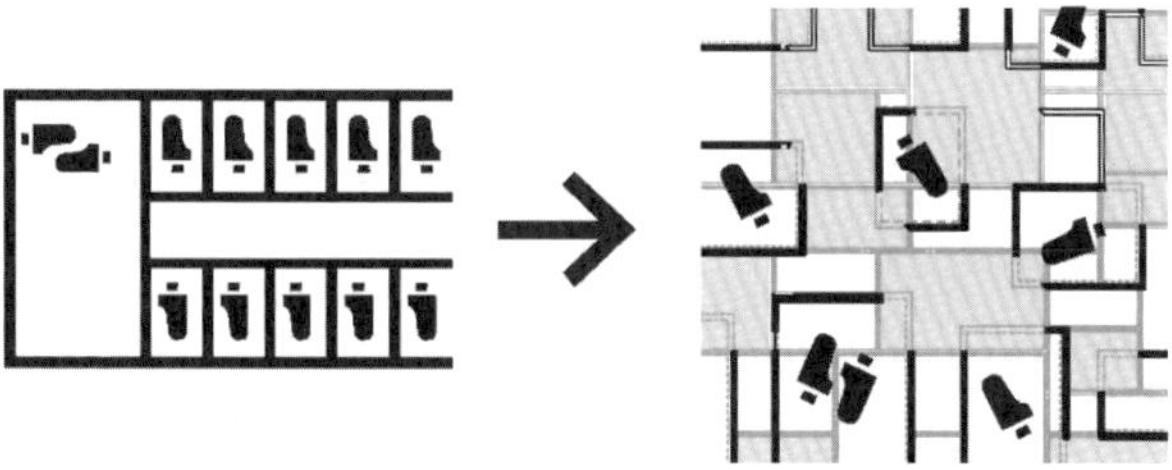

中廊下の両側にレッスン室が並び
監獄感を醸し出している、
一般的な音楽大学の図式

レッスン室相互の間に空隙としての
廊下や吹き抜けを挟み込んだ、
新しい音楽大学の図式

音楽大学のレッスン室配置のダイアグラム

音楽大学らしさが生まれるからだ。

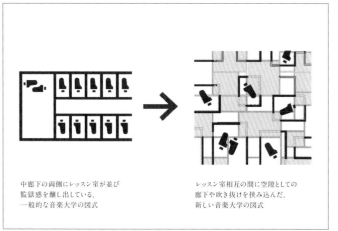

一方で、集合住宅やホテルのように中廊下の両側に居室が軒割に並んでいる建築形式は多々あるにもかかわらず、音楽大学だけがことさら強く監獄感といったものを醸し出してるのは、なぜであろうか。おそらくは、遮音のために、通常の建築タイプに比べ、内壁の存在感や物質感が強いからか。外壁と内壁というとらえ方で言えば、音楽大学では内壁がむしろ外壁化していて、内部に入り込んでいるがゆえに、こうした独特の雰囲気が生まれているのかもしれない。

こうした分析がヒントになり、次のような図式を思いついた。まず、各レッスン室やアンサンブル室を、遮音が緩めの内壁的な壁で覆う。これだけでは部屋から部屋への遮音性能が不足するため、レッスン室相互の間には空隙を挟み込む。空隙は適宜、内部廊下や吹き抜けや中庭として用いるが、図式的には外部とのつながりを強くもった自然光が入り込む空間となる。レッスン室の中から発せられた音は、遮音的にはやや脆弱な壁を通り抜け、レッスン室の間に挟まれた廊下には漏れ聞こえる状態となる。ともすると音楽大学には不都合にも思えるが、音楽大学の廊下を歩いている時にレッスン室内部の音がわずかに漏れ聞こえている空間というのは、音をデザインするという視点から見ればむしろ、音楽大学らしいサウンドスケープが生まれているともいえるだろう。また遮音性が弱いとはいえ、廊下や中庭などの空隙を挟んだ2枚の壁により音は減衰されて、レッスン室からレッスン室への音漏れは起こらないので、レッスン室としての機能は達成されている。

同じことは、自然光や視線についても起こっている。レッスン室は、外部への音の漏れを抑制するために壁がちとなりどうしても閉塞感が生まれてしまう。これが音楽大学に監獄のような閉塞感を生み出しているもうひとつの理由である。「桐朋学園大学調布キャンパス1号館」では、廊下などの空隙に向けて大きなガラス開口部を設けることで、レッスン室には自然光が入り込む。またこの開口部を通して、レッスン室からは廊下などに視線が抜けることで閉塞感が消え、これまでの音楽大学にありがちな自然光に欠けた監獄のようなイメージは一掃することができた。

さらに言えば、各レッスン室と廊下をつなぐ建具には高い遮音性が不要であり、一重の通常のセミエアタイトドアで十分に機能するため、部屋の出入りがしやすい施設になった。外観には、コンクリート壁で囲まれたレッスン室がそのままのかたちで現れ、ボリューム感を自然に分節して、敷地周辺に建ち並ぶ戸建て住宅に溶け込むスケール感となっている。言うなれば、この音楽大学施設は、図式的には外観も含め、内壁だけで構成した建築になったわけだ。

5　うまくつなげない(3)　ドアに関わる悩み

出入り口に関わる悩み

最後は、出入り口にまつわる悩みである。「切る／つなぐ」という視点から、実務の中で細々と建築を見つめ直している状況の中で偶然、包括的に考え直す珍しい機会をいただいた。

きっかけは、ヴェネチア・ビエンナーレ国際建築展の日本館での企画展示をまとめるキュレーターを選出するためのコンペティションにお誘いを受けたことだった。建築のデザインに詳しい方ならご存知だと思うが、ヴェネチア・ビエンナーレのキュレーターといえば、これまでは著名建築家や建築評論家の独壇場であった。たとえ候補者だとしても、組織事務所に所属する実務家であり、普段は建築デザイン理論の議論とは縁遠い僕を選ぶことは、あまりにも意外過ぎる人選といえる。

とはいえこのコンペへのお誘いは、普段は悩みたくてもその機会を逸している僕にとっては、都市や建築を原点に近いところから悩み、それを外部に発信し問うには絶好の機会である。早速、これまで実務で手掛けてきたことを整理して積み上げるようなかたちで、建築の原型について思い悩んでいることを、表現というかたちにまとめてみることにした。

ヴェネチア・ビエンナーレのテーマは、「現代社会の中で、私たちの暮らしに影響する重要なもの」を特定し、「それらが建築に課している新しい課題」を見つめ直すというものと読み取れた。これに対する日本の建築家としての素直な応答として、「日本の現代社会における、『暮らし』に関わる問題」を抽出し、見つめ直したいと考えた。

僕自身、大型建築のデザインに従事し、社会や環境やパブリックスペースでのアクティビティの視点から建築を捉える機会が多いのだが、暮らしという視点から建築や都市を捉える意識がどうしても欠けがちに感じていたため、この機会に、普段は取り得ない視点から、日本を、そして都市を、眺めてみたいと思った。

「生」と「死」それから「家族」

暮らしについて考えるにあたり、その始まりの「生」と、終わりの「死」、そして暮らしの基盤ともいえる「家族」から、眺めてみることにした。生と死と家族といったことを見つめ直すことで、そこに普段の僕には見えてはいない、現代の日本における建築的な課題が見えるのではないだろうか、と考え始めた。

振り返ってみると、生と死は、数十年前までは、住まいで営まれる暮らしの一部であった。当たり前のように自宅で子供を産み、自宅で息を引き取り、葬儀を行っていた。それがいつの間にか、生と死とは病院や葬祭場など特定の建築が扱うものとなり、一方住まいはそれらを受け止めることができないかたちへと急速に変わっていたことに気づいた。

ひきこもり、幼児虐待、孤独死

現代日本の都市における生と死と家族につながる現象として、特に建築との関わりという視点から、何を挙げ得るであろうか？　昨今、「ひきこもり」や「幼児虐待」や「孤独死」が、新聞やメディアに取り上げられているのを、ほぼ毎日目にするような状況となっている。大きな社会問題となっているものの、建築との関係でこれらが語られたことは皆無であるし、社会問題好きな建築家だが、なぜかこの問題には踏み込んでこない。しかし僕には、これらの事象は、実は現代の日本の社会が抱えている、「暮らし」や「建築」に大きく関わっているのではないのか？　との思いが募っていた。

一般的には建築とは無関係な社会問題として位置付けられるこれらの問題が多発している背景

には、実は現代の日本建築が抱えている問題点があぶり出されているのではなかろうか、と考えたわけである。

ドアひとつで切り離された世界

日本の住まいの多くは、ドアひとつで外部とは「切り離される」形式へと移行してきた。顕著な例としては、「マンション」もしくは「アパート」と称される、賃貸および分譲の集合住宅である。まさにプライベート空間である住居と、パブリック空間である共用廊下との間は玄関のドア1枚が接しているのみで、そのドアの開閉により住居は外界との「切る／つなぐ」の関係がコントロールされている。この開く／閉じるの簡便さゆえか、はたまた明治以降のドアが輸入されるプロセスに合わせた日本の都市過密化がそれを必要としたのか、ドアは瞬く間に日本の建築の開口部から、引戸などの伝統的エレメントを駆逐し、席巻した。

一方でドアは、「半分開く」といったアナログ的な曖昧さで開閉調整することができず、開くか閉じるかというデジタル的な操作しか受け入れない。閉じられた領域を「切るか、つなぐか？」という点にこだわる立場からすると、玄関ドア1枚の単純な開閉状態で社会との連続と遮断を操作するこの住居形式は、機能的で便利ではあるものの、建築としての妙味に欠けるものといえなくもない。もっとも、西洋においてはドア1枚の住居形式でもうまく暮らしているようであるから、外部との連続を促す建築エレメントに慣れ親しんだわれわれが、ドア1枚で仕切られた空間を使いこなす、もしくはデザインするリテラシーを欠いているだけのことかもしれない。ともかく、われわれはドア1枚で簡単に社会や周辺環境から閉ざされるこの形式の住まいを未だうまく住みこなせてはいない側面をもち、それが「ひきこもり」「孤独死」「幼児虐待」などのかたちで顕在化しているのではなかろうか。集合住宅のみならず、戸建て住宅においても同じ問題は起きている。伝統的な日本住宅では、外壁の大半が建具で構成され、掃き出し窓や縁側などが住居の内外を連続させ、かつその連続具合を引戸によりアナログ的に操作可能だった。だが昨今の住宅は壁式構造を採用することが多く、外装は壁がちとなり、建物内外を連続させ戸建て住宅でも外界との「切る／つなぐ」を担う開口部や縁側が失われていった。さらに言えば、このドア1枚で仕切れるプランは、住戸内部に再帰的に適応されている。例えば、3ＬＤＫの部屋であれば、住戸内パブリック空間である廊下に、ドアを介して各部屋が配置されている形式になっている。

こうした状況の中で、日々の暮らしはどんどんプライベートに閉じたものとなり、周囲の人びとには暮らしが見えなくなっていったのかもしれない。便利なドアの影に隠れてわれわれは「つながり」を忘れ、その結果、近隣の暮らしにも無関心となり、「ひきこもり」「幼児虐待」「孤独死」などが問題化し始めたとも考えられる。とはいえ、僕自身がこれらに関して日ごろから深く取り組んできたテーマでもなかったことから、社会問題それぞれのテーマに沿ったアーティストへの

渡辺篤作品《七日間の死》2019年、パフォーマンス（展覧会「雨ニモマケズ」R16スタジオ、神奈川）

ヒアリングと作品の観察を通して、僕はこの悩みについて、考えを進めていくことにした。

ひとり目は、自身が「ひきこもり」の経験をもち、アートの力を借りてそこからの脱出した渡辺篤さん。今は経験をもとに、ひきこもり当事者と対話型で共同制作を行いながら、閉ざされた場所に居る人たちの声をアート作品やパフォーマンスを通じ社会に発信している。渡辺さんの視点は僕とは少し異なっていた。住まいの形式によらずひきこもり的な精神状態に人は陥るものであり、ドア1枚で社会との接続を切ることができる現代の住まいは、ある意味ひきこもりが必要としている空間でもあり、むしろひきこもりを受け止める空間としては、現代の都市住居が、社会との距離感をうまく取り切れていないことに問題があるとの視点が読み取れた。この読み取りにより気になり始めたのは、これまた日本独特のモノといえる、マンションに据えられたバルコニーと、掃き出し窓の組み合わせである。この形式は、おそらく、閉塞感が高くなったマンションに縁側がなくなった代償として据えられたのものだろう。日本のマンションに住む人にとっては、当たり前すぎて疑いもなく受け入れてしまうアイテムではあるが、玄関に取り付けられた重厚なドアがもつ閉塞感とのバランスは、考えてみれば奇妙なものだ。

さらに、「幼児虐待」についても、建築との関連を考えてみた。映像作家の見里朝希さんとお会いしたのは、僕が幼児虐待を建築的な惨事とみてその手掛かりを探していた時に、彼が大学院の修了作品として制作した「マイリトルゴート」が、幼児虐待をテーマとした作品として国内外で話題になっていたからだ。「マイリトルゴート」は、童話「オオカミと7匹の子やぎ」を題材とした映像作品で、かわいらしいキャラクターを用いながら、児童虐待や子供への過干渉が生み出される状況の要因のひとつが、室内外を隔てているものがドア1枚であることを暗示的に表現している。僕自身がドアに対して抱いている悩みが、まさにそのまま映像化されたような作品であった。

まずは幼児虐待という問題は、一般的には、大家族主義から核家族へと家族で住まう形式が変化したことにより、夫婦以外の大人が子供との関係を見守る状況がなくなったために、こうした

見里朝希作品 映画「マイリトルゴート」の一幕

問題が発生したと位置付けられているように思われる。だが、幼児虐待にかかわらず、ハラスメントが起きる事象には、実は建築空間の有り様が大きく作用しているのではなかろうか。単に人目を避けるという単純なことではなく、いじめを正当化してしまうような空間がハラスメントの背景にはあるのではなかろうか。例えば、スポーツにおいては「しごき」というかたちで、道場や練習場が、会社内におけるパワハラの多くはワークプレイスや会議室といったように、いじめる側にとってもいじめられる側にとっても大切な、ある種の聖域でさまざまなハラスメントは行われているように感じる。報道を見る限り、幼児虐待もまた、子供が本来守られるべき空間である住まいで、「しつけ」として行われることが典型的なパターンのようだ。大家族制と日本の住まいが開放性をまだ残していた時代、しつけの場である住まいであっても、子供には複数の視線が注がれており、子育ては社会に開かれ、コミュニティである種共有されたものであったのかもしれない。昔は親以外の大人も目を配り、時には叱ることすらあったが、今では子育ては家族に独占され、しつけは住まいの中に閉じて行われる状況になっている。かつドア1枚を閉じてしまえば、家族は社会とは容易に切り離されてしまう。当初から意図した虐待に加え、社会から切り離された空間が生む、しつけのエスカレートが虐待へと変化した例も多々あるのではなかろうか。

さらに「死」についても考えてみた。先に述べたように、少し前まで日本の住まいは人の生も死も当たり前のように受け止めていた。赤子は家で生まれ、結婚式は家で営まれ、葬儀や通夜は住まいの中で執り行われてきた。おそらく、縁側のような内外をつなぐ仕組みを失うと同時に、日本の住まいはこれらの暮らしに必須のイベントを受け入れるフレキシビリティを失い、文字通りその機能を住むことだけに純化させてしまったようだ。

こんなことを考えている時に、雑誌で「孤独死」に関する記事を見かけた。そこには孤独死の惨状を訴え、社会の関心を集めるために、孤独死の現場のミニチュア模型の製作を続けている若い作家の活動が紹介されていた。それが小島美羽さんとの出会いであった。制作を始めたのは、一見平和に見える日本でも、現代の都市や住まいの事情により発見までに時間がかかり凄惨

小島美羽作品　孤独死の模型

な事件としてしまっていること、そしてそういう事例により思いのほか高い頻度で現実に起こっていること、そして同時に人の死はかつて当たり前に暮らしの一部にあったことを知ってもらい、現代における死のあり方を考えてほしいとの思いからだという。

小島さんの表現手法は、住まい手が孤独死に至った部屋の状況を、極めてリアルに再現した模型だ。そのテイストが、現代の日本の若手建築家が多用するジオラマ調の模型表現と類似しているところも興味深い。小島さんの作品は、孤独死が現代日本の暮らしや、隣人の気配が感じられない現代の都市の住居における建築的問題であることを示唆しており、住宅のあり方の再考を促すきっかけとなり得る、力をもった作品であると思った。

ひきこもり、孤独死、幼児虐待。これらの社会問題は、かつての日本においても起こっていた現象であろうが、開かれたスタイルをもつ日本の伝統的な住まいでは問題とはなり得なかったものでもある。これは、日本の住まいの形式が、例えばかつては数多くの建具に囲まれた「逃げ道」をもっていた構造から、ドア1枚で外界から切り離されてしまう、現代の住まいの形式に変わったことが生み出した社会現象なのではあるまいか。

建築の原点を思い悩み、「切る／つなぐ」の問題へと展開し、ドアというごく当たり前の建築エレメントへの疑問へとたどり着き、「切るか、つなぐか?」というテーマと、そこに関わる具体的なエレメントであるインターフェイスのデザインが、今僕の中で大きな建築にまつわる悩みとなっている。

第２章　インターフェイスはルーズであるべきか?

連歌のように都市をつなぐために

ここでは、建築を通した都市づくりについて、悩んでみたい。

1　計画することの困難さ

建築をアクティビティからデザインする

最近の都市建築は、ハードウエアとしてではなく、そこで繰り広げられる人間の営み、すなわちアクティビティからデザインされる傾向にある。アクティビティへの着目は、オフィスビルや銀行や商業施設といった定型化した建築タイプからではなく、知的生産活動や賑わいといったような視点から建築を捉え直し、それにふさわしい活動の「場」をつくることにプライオリティ（優先順位）を置くデザイントレンドを生み出している。僕たちの事務所でも、数年前にNAD（Nikken Activity Design）という「建築をアクティビティからデザイン」するチームが創設されたが、その仕事の領域は急速に拡大している。社会の関心も、クライアントの興味もアクティビティに向かっていることは間違いない。この状況は、建築デザインの対象が、外観からアクティビティを受ける器としての内観、そしてさらにアクティビティそのものへと向かっているとも捉えられるし、建築のあるべき姿が、固定的で普遍的なものから可変的で刹那的なものまでを許容する時代が訪れたと捉えるべきなのかもしれない。

かつて、建築は普遍的であり、都市においては変化のない不動点として捉えられていた。昨今の、建築スケールでのプロジェクション・マッピングの流行や、仮設建築物への関心の高まりや、古い建物のリノベーションの重用などは、建築のあるべき姿が、固定的で普遍的なものだけを重んじる状況から、時間軸に沿った変化もまた重要であると拡張されたと捉えるべきだろう。さらに言えば、そもそも建築自体が普遍的なものではなく、これを不動点として捉え、計画してきたことが間違っていたのかもしれない。時代の変化に沿って建築には微調整や修正が加えられることで、計画では予測し得なかった社会の変化に寄り添っていくものになると、人びとの意識の中に変化が生まれているようだ。

となると、社会の変化を取り入れていくことが、建築が末永く生きながらえていくためには重要になるはずだ。確かに、建築の領域では、住宅のように個人に閉じることが当然と受け止められてきた建築タイプにすら「家開き」といった考え方が出始めているのは、住宅をアクティビティから見直した結果、住むという行為には地域との連携が不可欠であり、それなくしては住むための場が時代の変化に追従してはいけない、といった問題意識の表れとして捉えられているからかもしれない。アクティビティを重んじてデザインする傾向は、都市においても顕著に見られるようになっていて、人びとのアクティビティの中心となるパブリックスペースへの関心が高まったり、アクティビティを利用してパブリックスペースの運用をビジネスベースに乗せようとするエリア・

マネジメントなどが注目されたりする状況である。

都市を計画する

こんな状況の一方で、大半の都市建築は、アクティビティとは無縁な、機能と一対一で結びついた建築やインフラを想定し、それをどのように構成して目指すべき都市をつくるかを「計画」する状況に、依然として留まっているようにも見える。

まさに僕らは、都市を構成する機能別のエレメントに着目し、そのコンポジションによって都市を計画することを習ってきた世代だ。その代表的な都市の計画手法は、「ゾーニング」だ。住居地域、業務地域、工業地域といったように、都市を構成する機能は変化することなく存在するものと捉え、都市を計画することとは、それぞれの機能を担ったゾーンを明確に区分し、相互の関係を考えつつ合理的に配置することという考え方だ。ゾーニングの考え方は古く（平面的な機能の区分は、既に古代エジプトのピラミッド建設に関わる職人の都市にも見て取れるように、都市の誕生とともに存在した都市計画手法のひとつといえるだろう）から存在したようだが、現代のゾーニングによる都市計画は、産業革命期に産業を支える工場の規模や生産性が大きくなり、そこから排出される煙などの廃棄物が一定の量を超え、住む機能と生産する機能の混在により住環境が劣悪な状況になった中で生み出された計画学がベースとなっている。そして近代的ゾーニングによった都市デザインといえば、１９１７年にトニー・ガルニエ（フランスの建築家。エコール・デ・ボザールの出身ながら、社会主義的な影響を強く受け、近代建築と工業都市の構想に没頭した。1869-1948）が描いた「工業都市」がその先駆けとされる。機能論をベースとする20世紀の都市計画は、このゾーニングにベースを未だ置いているといっていいだろう。

計画の拡張

日本から発信された建築ムーブメントであるメタボリズム（１９６０年に日本で開催された世界デザイン会議をターゲットに、浅田孝、菊竹清訓、黒川紀章らによって打ち出された、生物の新陳代謝にインスピレーションを得た有機的成長の概念を持ち込んだ都市および建築設計理論）は、機能に着目しながらも、そこに「成長」という時間軸に沿って都市自体が生物のごとく変化していくという概念をもち込んだ。都市を構成するエレメントを、成長を支える基幹機能としてのインフラストラクチャー（都市計画の領域では、交通や物流、エネルギー供給など、都市の基盤を支える、道路や鉄道交通網や共同溝などの基幹構造を指す言葉）と、その基幹機能の成長に合わせて追加、更新、交換が可能な機能をもったエレメントとに分解して、都市を捉え、計画することを提唱した。時間軸の変化は取り込んだものの、機能はゾーニングされたままであった。

同じ頃ケビン・リンチ（アメリカの都市計画家。マサチューセッツ工科大学で教鞭をとりつつ、都市を視覚的イメージに力点を置いた調査を行い、１９６０年に、名著「都市のイメージ」を出版した。1918-1984）は、人間が実際に都市を認識する際には、こうした機能的な分割とはまた異なったエレメントに分解して捉える傾向があることを、「わかりやすさ＝イメージアビリティ」という概念から示した。その著作『都市のイメージ』（丹下健三・富田玲子訳、岩波書店、１９６０年）によれば、都市のイメージは、パス（道路や通りといった線状のエレメント）、エッジ（境界という線状のエレメント）、ノード（パスの結節点という点状のエレメント）、ディストリクト（広がりをもつ領域という面的なエレメント）、ランドマーク（存在感がある点的もしくは塔的なエレメント）といった、5つのエレメントのコンポジションから生み出されているとされている。つまり都市を計画をするには、機能のみならずその機能が5つのかたちと結びつくことによって放つイメージを考え、その構成を考えなければならないということになる。機能とそのゾーニングだけでは、人間の知覚に訴える都市デザインはできないことを示した画期的な指摘であったが、都市の実際の機能と、都市のイメージの間をつなぎ、具体的に都市を機能と形態からデザインする具体的な方策は示されてはいなかった。

都市デザインの4つのステップ

機能とエレメントと、そのコンポジションがつくる全体との関係を、よりわかりやすく秩序立てて説明しているのは、『日本の都市空間』（当時、日本の都市計画の中心的な存在となっていた東京大学丹下研究室および高山研究室の大学院生が組織した「都市デザイン研究隊」というグループが、1963年に、建築専門誌・建築文化の特集号でまとめた内容を、整理拡充し、出版した書籍。彰国社、1968年）の冒頭の「都市デザインの方法」に示された、都市デザインの計画論の発達を「実体論的な段階、機能論的な段階、構造論的な段階、象徴論的な段階」の4つのステップで示された概念ではなかろうか。

「実体論的」な都市計画段階とは、都市を「モノ」として捉え、それを美的な視点からデザインを行う古典的な都市計画を指し示している。言うなれば美観をメインに都市がデザインされていた時代の計画論である。

「機能論的」な都市計画段階とは、都市がもつ機能的な側面に着目して、都市の中に個々の機能を担ったゾーンなどのエレメントをもち込み、都市をそのエレメントのダイアグラムとして捉え、計画しようとする立場である。ゾーニング手法やガルニエの工業都市はまさにここに分類される。

「構造論的」な都市計画段階とは、上記のダイアグラムを全体的に一様なものとしてではなく、部分ごとに意味を担ったある種の構造として捉え計画する立場である。実際の構造化にあたっては生物のアナロジーが多用されてきた。チーム10（20世紀において、近代建築やその都市計画論を先導したのはル・コルビュジエらが1928年に始めた近代建築国際会議ＣＩＡＭであったが、やがてその官僚主義的な運営に若い世代は不信感を募らせていった。1956年の第10回会議で、若手のスミッソン夫婦などにより、ＣＩＡＭは解体されたが、その中心的メンバーはチーム10と呼ばれ、81年までに不定期ながら会議を継続し、ＣＩＡＭ以降の建築理論をけん引した）やメタボリズムの都市計画案、おそらく日本において最も著名なものは、丹下健三研究室による「東京計画1960」（1961年に丹下健三が発表した、東京の未来計画。東京湾を横断するように設定する脊椎のアナロジー状の軸の設定と、そこに配されたサイクルトランスポーテーションシステムとジョイントコアシステムの建築群からなる、美しい模型とドローイングで、東京の都市構造の改変を提案したもの）に現れた「都市軸」（脊椎のイメージ）ではなかろうか。

「象徴論的」な都市計画段階とは、実態や機能そのものではなく、それらを人間が一度認識することによってシンボルとなった状態で都市を捉え、シンボルの構成をもって都市計画を進めようとした立場である。ケビン・リンチの『都市のイメージ』や5つのエレメントは、ここに分類される。

都市を計画する難しさ

さて、ここで悩み始めるわけである。

１つ目の悩みは、都市を構成する機能や、都市のイメージをかたちづくるエレメントは、実は人びとの認識により大きく変わるもので、アプリオリにそして固定的に存在する絶対的なものではないということだ。居住という絶対的な機能を担ったゾーンや建築が都市の中に潜在的に存在するわけではなく、ひとつながりの人間の暮らし方やアクティビティの中のある行為を切り取り、「住む」という概念が生み出されたはずだ。都市の中で人間が営むアクティビティの一部が切り出され、特定の建築と関連付けられて、「住居」という相対的な概念が生み出されたにすぎないわけだ。たまたま産業革命期のイギリスにおいては、工業は住む行為に悪影響を与えるものであったから、そして人びとはその両方が混然一体となった劣悪な都市環境を目の当たりにし、住居と工場は分けられるべきものという考えが生まれ支持され、近代都市計画の中では、住居地域と工業地域は分けられることになった。

同様の発想から、近代都市計画では、住居と工業だけではなく、業務も、商業も独立させ、分化し、ゾーニングを行うことが正義として推進されてきたわけだ。現在の日本の都市計画手法も、根底はこの思想に基づいている。

一方で、ジェイコブズらの指摘に始まる、いわゆるミクスドユース礼賛（アメリカの都市運動家、ジェイン・ジェイコブズが、１９６１年に著した『アメリカ大都市の死と生』の中で指摘した、近代都市計画理論が重視したゾーニングによる「用途純化」が、都市の活力や多様性を損ねる、むしろ用途の複合化＝ミクスドユースが重要であるとの立場に賛同し礼賛した動き）が１９６０年代から始まる。明確にゾーニングされた近代都市計画に基づいたデザインでは都市の賑わいは創出されず、自然発生的な都市に見られるような用途の混在や偶然性の介入が都市と都市における暮らしを豊かにするという指摘だ。

同時に、ブラジリアなど、近代都市計画理論（一般には、19世紀の産業革命期に生じた都市環境の劣化の解消のため、ゾーニングと用途純化に基本を置き、機能的な都市計画を目指した動向を全般的に指示しているが、必ずしも明確なひとつの理論としてまとめ上げられたものではない）に基づいて計画された、いわゆる新都市のつまずきがそこに重なり、近代都市計画理論の限界が見え始めていたにもかかわらず、それに代わる有効な都市計画手法も打ち出されないまま、世界中で都市が計画されつくられている。さらに、本章の冒頭で述べた通り、多くの建築家や都市計画家は、近年都市や都市建築のデザインにあたり、アクティビティや時間軸を意識するようになり、都市を計画することの難しさを意識するようになったものの、依然としてアクティビティまでを取り込める有効な都市デザイン手法をもたない状況である。

そして、都市づくりに民間の活力を使うことが合理的とされる時代となった。都市計画の主体が行政から民間に移ったことにより、例えば日本では東京を中心に大規模な複合用途開発が数多く仕掛けられるようになった。そこにおいては、行政が立案したマスタープランによるある程度の指導や誘導は受けるものの、個々の大規模開発ではむしろそれらの開発許可を得るための「要件」にとどまり、公と民の積極的な関係が生まれていないように感じる。また、個々の大規模都市開発計画などにおいては、金融工学的都市計画（近年、民間デベロッパーによる都市開発が増加するにあたり、都市計画にあたっても、金融工学をベースに、不動産や都市開発が生み出す価値の最大化を目指す方向性が強くなってきた状況を、やや批判的な視点から指摘する言葉）とでもいった視点にドライブされ、与えられた地域内と指定された公益施設との連携に留まり、計画地を超えた都市づくりの視点を欠いているようで、マスタープランと個別の開発とが必ずしもうまく架橋されていないのが現状といえる。

公が提示するマスタープランの長期的視座に対しても、民間が主導する個別の開発の事情に対してもフレキシブルに対応し、それらを架橋し、都市とその中に添えられていく個別のプロジェクトとのつながりをつくることが、都市においても、その主要な構成要素である都市建築においても必要ではないかとの思いを強くしている。これらをつなぐ「インターフェイス」をつくるという意識が今、必要なのではなかろうか。

2　ルーズなインターフェイスをつくる

「切る／つなぐ」にまつわる都市的な問題点

第1章で記したように、「切る／つなぐ」は、僕にとって建築の原型に直接つながる問題である。それゆえ、よりスケールの大きい都市や都市建築について考える時も、このことは大きな関心事になる。周辺といかに切りつつ、つなげるかの妙味の中に優れた建築が生まれると主張した。優れた都市や都市建築を生み出すには、その都市を構成する主要なエレメントである建築をその外の世界といかに切りつつ、つなげるかの妙味を考えなければならないと思っている。さらにいえば、都市においては建築の外に広がる世界は一様でひとつながりのモノではなく、すでに都市というコンテクストや数多くの建築が存在し、それのみならず道路などの都市インフラも多数存在している。従って、都市や都市建築のデザインにおいて、「切る／つなぐ」を考えなければならないのは、一団の塊として捉えた外の世界だけではなく、向こう三軒両隣に広がる建築や、道路などのインフラをも含む、より複雑な「切る／つなぐ」となることは明らかだ。

今の日本では、建築単体においては、「切る」よりも外の世界との「つなぐ」がうまくいっていないと感じていることを第1章に書いた。同様に、都市においても「つなぐ」がうまくいっていない気がする。特にうまくいっていないのは、他の建築や道路などの都市インフラとの「つながり」であるように感じている。

前述した、「実体論的」な都市計画においても、「機能論的」、「構造論的」、「象徴論的」なそれにおいても、まずエレメントの分割が先行している。すなわち一度切られた状態からスタートしている。もちろん、デザイン上はそれら切り離されたエレメントのコンポジション、つまり関係性が計画のテーマとして扱われているわけだから、「つなぐ」視点がまったく欠如しているわけではない。だが、都市や都市建築のデザイン上は、エレメントがまさに誕生しようとしている瞬間、つまり「切る／つなぐ」の妙味に直結する都市や都市建築を生み出すための瞬間が大事であり、この瞬間に介在することこそがデザイン上は重要なポイントであると考えている。

メタボリズムであれば、インフラストラクチャーとその末端に据えられるカプセルがまず別物として「切られた」状態で始まる。だがむしろ都市をデザインする上でより重要なことは、両者をどの境界面で「切る／つなぐ」を調整し、インフラストラクチャーとカプセルをどこで分けて捉えるか、それ自体なのである。もしくは、両者の境界をいかに癒着させるかによって、人びとのアクティビティを生み出すか、その妙味を考えることこそが重要であると考えている。リンチの5つのエレメントで例示すれば、それらのコンポジション以上に興味深いのは、それぞれのエレメントがひとつながりの都市からエレメントとして切り離されて認識される瞬間であり、もしくはエレメント相互がつながることによりエレメントが新たなものへと質を変える瞬間である。エッジとパスを用いて例示すれば、これらふたつのエレメントのコンポジションを考える以上に、エッジがもつ「切る／つなぐ」の状態が変わることでパスとして認識される瞬間や、エッジとパスが融合して新しい何か、例えば新たにインターフェイスが生まれる瞬間にこそ、デザインのテーマがある、と言ったらよいであろうか。

インターフェイス

ここで悩んでいる問題を言い換えてみると、それは、各エレメントと外界との境界面、もしくはエレメントとエレメントが接している境界面をインターフェイスとして捉えることということになりそうだ。

第1章で述べてきたように、インターフェイスとは各エレメントの境界面を残しつつ微妙に開き、エレメントを相互につなぐ概念である。建築の原型においては、境界はひとつながりの世界から建築を切り取る役割をもっぱら果たしていたのだが、都市においてはその役割に加え、建築などの都市のエレメントと他のエレメントを切りつつ、つなげる役割、すなわちインターフェイスとしての役割がより重要になってくる。都市づくりに建築デザインからアプローチする僕の悩みのひとつは、どうやら、周辺都市と、周辺の都市建築と、そして都市インフラと、自らデザインする都市建築をいかに「切る／つなぐ」かを実践するために、インターフェイスをいかにデザインするべきなのか、というものと整理することができそうだ。

VUCA

実は「計画」という概念も、具体的な都市デザインや都市建築のデザインを考えていく上で、揺らぎ始めているもののひとつだと感じている。

20世紀は、建築や都市の建設に際して、機能的かつ科学的アプローチを試みることで、精緻な計画が可能と信じ、それを目指した時代だった。とはいえ、現実の建築や都市の計画のための与件は、複雑かつ曖昧であるから、そのたくさんの可能性を整理して人間がハンドリングできるようにするために、かつてはひとつの美学が存在していた。僕は、１９８０年代に建築教育を受けたが、その教育の根本にあったものは“Less is more.”、すなわち「より少ないことは、より豊かなことである」という考え方だった。このアフォリズム（短く的確な言葉で、物事の神髄を突いたもの。警句、箴言、名言、格言）を語った、近代建築の3巨匠のひとり、ミース・ファン・デル・ローエのナショナルギャラリーのデザインやガラスの摩天楼計画のドローイングは、その考え方を実践した事例といえるだろう。このアフォリズムはさまざまに解釈をすることができるわけだが、永くモダニズムの時代で有効性を放ってきたのは、複雑な条件を解かなければならない建築デザインにおいて、大事な、本質的なものを残して、残りは削ぎ落としシンプルにしてデザインすることが大切であり有効であった時代が、事実上永く続いてきたためではなかろうか。僕らはそういったパラダイムの最後の時代に学んだ世代だ。

しかし実際の世の中は、学生だった僕にすら、すでにもっと複雑で深遠なものに見えていた。実際に社会人になって建築デザインを仕事としてみると、むしろ切り捨てられがちな小さな事柄も丁寧に拾い上げてデザインすることの方が、実情の社会の複雑さに正対していて真摯なデザインとなり大切なように思えてきた。

実際、世の中は、平均値やトレンド予測で語れるほどには安定しておらず、予想といったものがほとんど役に立たないほど不確実である。直感などで一瞬に把握することが困難なほど複雑で、理路整然と説明しようとすればするほど本質から遠のいてしまう曖昧さをもったものである。こうした現実社会の複雑性といったものへの気づきは、最近ますます拍車がかかりつつあるようだ。軍隊のように、予測に基づきシンプルな戦略を立てることを好む組織においても、2000年ぐらいになると、変動、不確実、複雑、曖昧さこそ、戦略立案の上で重要な視点になると考え始められ、アメリカ軍において4つのキーワード、Volatility（変動性）・Uncertainly（不確実性）・Complexity（複雑性）・Ambiguty（あいまい性）の頭文字をつなげたVUCA（ブーカ）という造語が、現在の複雑な状況を捉える言葉として生まれたそうだ。2018年の初め、『日経アーキテクチュア』で、今後建築を変えていくキーワードについてインタビューを受けた際に、僕が指摘した10のキーワードのうちのひとつが、このVUCAだった。当時は聞きなれない言葉であったが、2018年の後半には、このVUCAをタイトルとした講演会を海外からも依頼されるようになってきたので、VUCAの意味するところや、そこにある問題意識が広く世界的に共有され始めたのかもしれない。

重要なことは、VUCAという言葉が一般的になったか否かではなく、VUCAの時代になると、たくさんの事柄をなるべく切り捨てることなく考慮に入れながら建築や都市のデザインを行う必要があり、それゆえにVUCAの時代に耐えうる多くの事項をパラメーターとして取り入れることが可能なデザイン手法をもたなければならないということだ。このためには、たくさんのパラメーターを扱えるよう、人間の能力を拡張する必要がある。だが残念ながら、栄養のあるものを食べても、筋力トレーニングをしても、そうした能力は拡張できるわけではないことは明らかである。言うまでもないが、人間がこうした能力を向上するための現時点で最も効果的な方法のひとつは、間違いなくＩＣＴを使うことだと僕は考えている。

建築が背負わなければならない諸課題

人間は社会的生物である。生きるために集住を始め、集住のために都市を必要とし、都市を構成する重要なエレメントのひとつとして建築をデザインし、つくり、そして使う生き物なのであろう。

こうして繁栄してきた人類の存在は、今やその受け皿である地球の存続にも影響を及ぼし、下手をすれば地球を破壊すらしかねないほどのインパクトをもつに至り、それが自覚されるようになった。現代を「人新世」（人間の活動が、地球の地質学的レベルを超えたインパクトをもち始めたとする考え方で、ノーベル賞を受賞した大気科学者パウル・クルッツェンが２０００年に唱え始めた概念。一般には「グレート・アクセラレーション」と呼ばれる人間活動の爆発的増大が顕著となる１９５０年以降を人新世＝アントロポセンと位置付けている）と捉える視点などが、その自覚を最も端的に表しているように思える。人類が生き延びるためには、地球が現在われわれに提供してくれている環境が大きく変わらないように務めざるを得ないのだ。ＳＤＧｓ（Sustainable Development Goalsの略で、「持続可能な開発目標」と訳され、２０１５年の国連サミットで、２０１６年から２０３０年までの持続可能な開発のための国際目標として採択されている。17のゴールと、１６９のターゲットからなり、発展途上国から先進国までをも含む目標となっている）を見ると、人類とその社会が背負わなければならないテーマとゴールの質の変化が見え始めたように思っている。

計画の限界から、絶え間ない軌道修正へ

このような状況の中で、皆がうすうす気づき始めたのは、環境や地球と呼んでいるような人間の外側の世界も、さらには人間がつくった都市すらも、あらかじめ計画した通りにつくったり、運営したりすることが、実は極めて困難な作業であるという事実だろう。

20世紀のモダニズムの世界観では、少なくとも人間がつくる都市は将来を予測し計画することが可能であり、それを受け止めていた自然や地球は都市や人間からの影響を受けることがない安定した存在だった。だがそうした人類のご都合主義的な考え方は、20世紀半ばごろから崩壊し始めた。自然や地球は、実は都市建設など人間の活動の影響を受ける敏感なものであること。変化を受けたとしても、地球や自然は変質しつつも生き延びていけるが、人間の方は現在の自然環境が損なわれると生きてはいけなくなること。われわれの存在は、地球環境に変化を与えるほど大きくなっている一方で、その知恵は、その地球環境を計画通りにコントロールするには遠く及ばないこと。そしてわれわれは、自身がつくった都市ですら、計画した通りにはつくり得ず、容易にコントロールできないことに気がつき始めた。

そして今、予想不可能な将来に対して精緻であろうとしてフレキシビリティを失った20世紀的

な「計画」だけが絶対的な存在である時代は終焉を迎えようとしているようにも見える。代わって登場する計画のオルタナティブとは、都市の現状と我々が抱くような未来像の両方を眺めつつ、都市に絶え間なく微調整で介入し、軌道修正を加えるようなまちづくりや建築づくりではなかろうか。

もうひとつの世界

都市への絶え間なき介入と軌道修正を実現するためには、都市の現状をリアルタイムでつかむ必要がある。このためには、都市の各部の状況を捉えるセンシング・ディバイス（いわゆるセンサーのこと。ここでは、気温、エネルギー消費量、通過人員数などの都市の中で起きている物理現象を感知、計量し、デジタル情報として出力する装置を指している）と、そのセンシング・ディバイスからの情報を集約できる情報のインフラストラクチャーが必要である。現時点で最も現実的な手法は、センシング・ディバイスがインターネットで相互に接続され、情報をやり取りするIoT（インターネット・オブ・シングズ　モノや建築物が、インターネットにより相互につながれ、デジタル情報を交換することで、これまでには成し得なかった広範囲で複雑な情報の獲得と、モノや建築の操作、制御が可能になる状況を示す言葉。大前提として、モノや建築物がセンシングディバイスを搭載し、物理情報を感知、計量してインターネット上に送り出せることと、インターネットよりデジタル情報を受け取り操作、制御される機能をもつ必要がある）と名付けられた概念であろう。当初は、家電などのディバイスが、インターネットにより相互接続され制御可能になるといった程度の、さほど興味をひかないイメージが先行していたIoTであった。ところが、都市や建築に実装されたセンシング・ディバイスが相互に接続されることで、「デジタルツイン」（世の中の物理世界の出来事を、デジタル上にリアルタイムかつ精緻に再現した双子の世界のこと。デジタルツイン上でシミュレーション、制御、操作を行うことにより現実の物理世界をより効率的に操作しようという概念が、デジタルツインの重要性を高めている）や「ミラーワールド」（デジタルツインという概念は、その中に存在する都市や建築の一部でも成り立つものであるが、これが極限まで進み、現実の都市や社会や建築といったすべての存在が1対1でデジタル化され鏡像化されると、その意味はさらに広がり、世界を覆う巨大デジタルプラットフォームとなり、特別な意味をもつという考え方。『WIRED』誌の創刊編集長であるケビン・ケリーにより提唱された概念）と名付けられた、本物の世界とは別の「もうひとつの世界」を形成し始めるとの概念が登場したことで、事態は変わり始めた。もうひとつの世界は、現実世界に密接に寄り添い、関係を強め、互いに影響し合う存在となり、現実社会を変質させる存在にすらなるというのだ。

こう書いても、漠としてもうひとつの世界が存在する意味やすごさが伝わらないかもしれないので、もう少し詳しくそのイメージを描写してみたい。現実の世界をコピーしたもうひとつの世界の最も諸元的かつ代表的なものは、地図といえるだろう。現実の世界を二次元に抽象化して紙の上に表現された地図を通して、僕らは世界や都市を認識して理解しているともいえる。ただし現実の都市を地図として抽象化するには膨大な調査と時間が必要で、ふたつの間にはタイムラグが生じてしまう。だが昨今のデジタル技術の向上により、地図の作成に衛星からの空撮写真や、自動車からのスキャンされた情報が統合され、Google MapやGoogle Earthといったデジタル三次元情報をもつものが登場した。さらにそこにセンシング・ディバイスによって獲得された人間や車の流動状況などの情報がリアルタイムに重ね合わされている状況となりつつある。今後その状況が加速され、さらに多彩な都市の中の情報のデジタルコピーがインターネットを通じて重ね合わせられ、連携した状態を想像すると、デジタルツインやミラーワールドといったもうひとつの世界がもたらすイメージへと近づきやすいかもしれない。

そもそも、都市のような複雑な全体像をもつものは、抽象化された図式やモデルなどを通して認識されることが一般的だ。つまり都市は宿命的に、実態としての都市と、認識のために抽象化されモデル化された都市をもつものなのだ。卑近な例でいえば、世界の大都市の地下鉄マップなどもこの抽象化された都市の一例であり、実態とは異なった抽象的な図式により、僕らは地下鉄相互のつながりを理解し、共有していることなどが挙げられるだろう。

しかし地下鉄マップの例でいえば、そこに現実世界で起きている変化、例えば遅延や混雑をリアルタイムに反映することは難しい。さらにいえば、同じ地下鉄であっても、そこから得たい情報は時々によって異なり、本来は目的に沿った適切な抽象化やモデル化が必要だ。いわゆる乗換案内系のアプリが提供してくれる始点と目的地をリニアに結んで抽象化された情報が欲しい時もあれば、地下鉄マップのような俯瞰的な情報が欲しい時もある。さらには、路線上に事故が発生した場合には、オルタナティブなルートを探るために、両者の情報に加えて、リアルタイムな混雑度の情報が必要となるはずだ。固定的に抽象化されモデル化された地図のような今までの都市モデルでは、モデルの限界が都市の認識の限界を縛り、かつリアルタイムの都市の状況把握という点でも限界があった。

それが、もうひとつの世界の誕生により、モデル化の限界は突き破られ、リアルタイムな都市の状況認識や目的に即したリアルタイムなモデル化が一挙に可能になってしまう。地下鉄に限っただけでも、路線の各部の状況が沿線に巡らされたセンシング・ディバイスによりリアルタイムに情報が収集され、それがA.I.やシミュレーションにより最適な情報を送り返してくれるようになれば、地下鉄はそのポテンシャルをいかんなく発揮して、今とは次元が異なる便利な乗り物に変わるであろう。

都市建築であれば、時間をたっぷりとかけて入念に計画したものを、これまたたっぷりと時間をかけて建設するこれまでの都市づくりのオルタナティブとして、簡単で軽微な建築を比較的短時間でまず建設してみて、その建築の存在により都市の中のアクティビティがいかに変化するかをもうひとつの世界を通じてリアルタイムにリサーチしてフィードバックを図り、さらに軽微な建築を加えたり改修したりすることにより都市に微修正を加えていくような街づくりの可能性が見えてくる。今でも、ビッグデータというかたちで都市のデジタル情報は存在しているが、それを現実の都市に絡めて抽象化し、ハンドリングできる術がなかった。だがもうひとつの世界が、それを可能にし始める。現実世界に重なるように存在し始めたデジタル世界は、複雑な現代都市を捉えるために、目的に従い自在に都市の情報を集め、抽象化するための鍵になる。その誕生は、これまでの計画では成し得なかった、都市の軌道修正を可能にするための根源的な仕組みとなるかもしれない。

シミュレーション

加えて言えば、都市の軌道修正も、その具体的な方策である建築づくりやイベントも、大量生産ではなく、いわゆる1回限りの個別生産であり、生産以前にモックアップやテストサンプルをつくり試行錯誤することは難しい。それゆえに、都市づくりや建築づくりでは、アバンギャルドな提案はドローイングに留まり、実現に際してはマイルドなものになりがちであった。しかし、「デジタルツイン」が手に入りつつある現在では、そのデジタル世界の中で都市や建築に加えた改変が、都市にどのような変化を与え、また都市はそれをどのように飲み込んでしまうかについて、より可能性の高いフィードバックをコンピューター・シミュレーションにより返せるようになるだろう。もうひとつの世界の中でシミュレーションを行うことで、綿密に計画された重厚長大なプロジェクト以上に、日曜大工のように軽微な改変ですら、もしそれが適切にツボを突いていさえすれば都市に適切な軌道修正を施し得ることが示せれば、われわれと都市との新しい共存が、デジタルな「いい塩梅」や「ファイン・チューニング」が探れるかもしれないのだ。

現実世界と、もうひとつの世界のインターフェイス

さらに言えば、こうした境界からインターフェイスへの移行は、現実世界ともうひとつの世界のはざまでも発生していて、現実の都市にも、いくつかの大きな変化が生まれようとしているの

ではなかろうか。例えば、

●インターネット上に存在するデジタルデータにより現実の都市がエンハンス（強化、促進）され、それが共有されることによって生み出された都市の「集合知的な記憶」が生み出される。

●監視カメラをはじめとしたデジタル・センシング・ディバイスによりもたらされた「拡張された感覚」により、われわれの都市の知覚は刷新される。

●自動操縦などによりまったく新しい次元へと拡張されつつある「モビリティ」が誕生することで、都市には新たな集中と離散のパターンが発生しつつある。

などの具体的な現象が、都市ともうひとつの世界の狭間の中で発生していくことが予想される。

都市の集合知的な記憶

例えば何かおいしいものを食べに行こうとした時に、今やインターネットで検索し、事前に地図を見て、ストリートビューを見て、メニューを見て、口コミで何がおいしいかを見て、場合によっては店の中の写真まで見て、レストランを訪れることは当たり前のことになっている。一度も行ったことがない店であるにもかかわらず、視覚上の情報や店の名物などの知識は、レストランに実際に数度足を運んだ人が実際に獲得した記憶を超えた情報量となることは、ごく普通に起きている。旅先のレストランの情報について、旅人の方が現地の人びとよりも詳しい情報をもつといったことが、当たり前の状態になっている。味覚以上に記憶に残りやすい視覚情報の集積が、ある種の集合知的な記憶となり、人びとの頭の中に存在するようになったといえるのではなかろうか。これはレストランに限ったことではなく、風景や文化や気候、風土にもいえることであり、さらにもうひとつの世界の登場により、この集合知的な記憶は、より詳細に、よりリアルタイムに、より現実に近いものとなるだろう。集合知的な記憶は、都市や建築のデザインに、大きなパラダイムシフトをもたらすやもしれない。

拡張された視覚

まん延し始め、その存在が危惧されている監視カメラの存在も、都市の中のインターフェイスやもうひとつの世界という視点から眺めてみると、別の可能性がそこに見えるようにも思われる。

中国の深圳は、デジタル化が著しく進んだ都市として著名であるが、2018年にアーバンデザインの国際会議で訪れた際に、現地の友人から奇妙な忠告を受けた。深圳では、町中の交差点という交差点に監視カメラが仕掛けられていて、重大な事故や違反のみならず、歩行者が信号無視をする様子や車の中の人びとが安全ベルトを着用していないといったような、確かに交通規則違反ではあるが通常では見逃されがちなものも、確実に違反としてチェックされるので気を付けろとのアドバイスであった。冗談とも本気ともとれる奇妙な忠告であったが、確かに監視カメラなどのデジタルデバイスの発達により、人間の目で犯罪を監視していた時のクライテリア（判断基準）では、違反者の数が膨大になり、自ずと犯罪のクライテリアを変えなければならない事態が生ずる可能性を垣間見た気がした（事実、中国ではこうした人間の行動を追尾して、軽微な違反などを得点化して個人を評価する「社会信用スコア」なるものを国家レベルで遂行中との報道があったばかりだ）。都市に拡張された視覚が実装されることで犯罪のクライテリアが変わるなら、目に見えるものをデザインしている以上は、都市や都市建築のデザインも大きく変える可能性があるのではなかろうか？

　例えば、今は負のイメージをもつ監視カメラであるが、その存在は隠れたものから徐々に顕在化されつつあるようだ。現時点での監視カメラの問題は、「監視する側」と「監視される側」とを生み出してるという点だ。監視カメラからこの個人情報の非対称性を取り去り、現代都市における新しい視覚、「見える／見えない」を制御するインターフェイスとして変革をする手立てが生み出せれば、個人のアイデンティティを証明する極めて有効なシステムとして働く可能性もあるのではなかろうか。たとえば、複数の監視カメラをもうひとつの世界を通して連動することにより、役割を１８０度転換して、市民に開放された「拡張された視覚」を生み出すことができそうだ。拡張された視覚は、都市に新たな透明性をもたらし、都市のデザインや公共性をバージョンアップしていくかもしれない。複数のカメラの連動は、さらに最新の技術との融合により、本来設置されていないはずの仮想的なカメラからの視点を合成できるようになっているという。いわば、カメラのない視点からの撮影が可能になる時代が訪れようとしているのだ。これはすでに

２０２０年の東京オリンピックで用いられる前提で開発が進んでいる技術で、複数のカメラから得た画像を合成することで、本来はカメラが設置されていない選手の目や、ボールからや、ドローンを飛ばしたような上空からの画像がリアルタイムに合成できるところまで技術は進んでいるようだ。かつて、鳥瞰図の視点は神の視点であり、都市デザイナーの特権的視点であったが、これからの時代は拡張された視点はすべての都市居住者に提供されるはずであるから、都市のデザインやアクティビティは大きく変わる可能性をもつ。

さらには、こうした見える状態が日常化すると、カメラによって撮影された情報のみが事実として広く認知される状況になるかもしれない。それがインターネット上に点在するシステムによって認証されることで、例えば暗号通貨におけるブロックチェーン（ビットコインの取引とその記録を、中央集権的なものから、分散型のシステムとして成立させるための画期的技術。ビットコインの取引台帳としてのみならず、さまざまな分野への応用の可能性がある技術として、２０１９年現在、ＡＩと並んで非常にホットな技術となり、注目を集めている）的な仕組みにより、都市に住む個人個人のアイデンティティが証明される時代になるかもしれない。

こうした、見える状態に置かれていることは安全につながるとの考え方も存在する一方で、監視カメラに映らない自由や、監視カメラに撮影されることがないサンクチュアリ（聖域）的な空間が都市の中に求められ、形成される可能性もある。監視カメラがもたらすであろう拡張された視覚は、都市に新しいタイプのインターフェイスをもたらし、都市を圧倒的に変える可能性をもつ新たな建築的課題となるのではなかろうか。

新しいモビリティと動的な集中と離散

自動操縦のシェアカーなどの新しいモビリティの誕生は、人やモノの「集中と離散」を大きく変えていくはずだ。現在の交通機関の結節点であり乗り換え地点である駅前やＴＯＤ（Transit Oriented Developmentの略で、公共交通指向型都市開発と訳されている。自動車から電車や地下鉄などいわゆる公共交通を軸としたまちづくり。公共交通依存度が８０％と極めて高い東京は、ＴＯＤの実践の場として諸外国からの注目を集めている。一方で、自動操縦などの登場により今後起こるであろうモビリティの大変革の中で、ＴＯＤにいかなる変化が起こっていくかの関心も高まっている）の賑わいや集中は、新しい時代の交通機関の乗り換え地点であるシェアカー・パーキング場などへと動的に離散する可能性が高い。加えて、現在は自動車に占有されている道路を、歩行者のための空間へと回帰させたり、新しいモビリティと歩行者との共存を図ったりと、大きくそのあり方を変質させて、やがては都市に大きな転換を求めるかもしれない。

考えてみれば、近代から現代にかけては、都市の発生や形態とモビリティは密接不可分な関係をもち、それゆえに都市における建築、モノ、人、コトの集中や離散の状況とモビリティは極めて深い関係があった。東急線と田園調布との関係のモデルとなったハワードの田園都市（イギリスの都市計画家であり事業家でもあるエヴェニザ・ハワードが提唱した、大都市郊外に設置される衛星都市の概念で、１９０２年に著作が出版されただけではなく、１９０３年からは実際の建設も始まり、レッチワースなどが建設された）も、日本の都市に典型的な駅前開発も、そしてその高度な発展形ともいえるＴＯＤも、電車を代表とするマストランスポーテーション（文字通り訳せば大量交通機関となるが、日本においては公共交通機関とほぼ同義）と自動車というモビリティが生み出した都市であり、都市建築であり、それがもたらす巨大で静的な建築、人、モノ、情報の集中と離散であった。今後はその構造の上に、自動操縦による自動車やMaaS（Mobility as a Serviceの略。ＩＣＴと自動車などのモビリティの融合が進むことにより、自動車は所有するものから、移動というサービスを提供するものへと変わっていくと予想されている状況を説明する用語）やシェアバイクといった、どちらかというと大量ではなく、個々人の要求に即しマスカスタマイズされたモビリティと、それがもたらすであろう、より動的な、建築と人とモノと情報の集中と離散が重ね合わされ、都市は大きくその発展の方向を変えていくかもしれない。自動操縦により運転から解放されることにより、モビリティの主たる役割は、目的地の到達だけではなく、その道程を楽しむ散歩のようなものへと回帰するかもしれない。モビリティひとつ取ってみても、都市はどのような方向へと変質していくかの予想はもはや困難であり、計画だけで都市づくりを進めていくことには限界が見えてきているようだ。有効な都市づくりは、都市の変化に合わせて絶え間なく介入して、軌道修正を施すことも、計画では欠落する側面を補うためにも有効に思えてくる。

曖昧なインターフェイス

ここまでに述べてきたように、20世紀的な都市づくりは、都市やその一部である都市建築の完全なるコントロールを目指して、精密に計画を行い、それに即して精緻で強靭な大型建築やインフラをコンクリートや鉄でつくることをベースに進んできた。しかし現実の都市は複雑ではあるが、極めてルーズな代物だ。その状況の中に、さらに、もうひとつの世界の誕生がもたらす都市の集合知的記憶や、拡張された視覚や、新しいモビリティが重なり、都市はますます変化に富み、予測不可能な代物へと変質していくようにみえる。もはや都市の完全なコントロールなどは到底

展示風景「未来と芸術展：AI、ロボット、都市、生命——人は明日どう生きるのか」（森美術館、2019～2020年）

不可能であり、たとえ精緻な計画を行ったとしても、状況の予想外の変化に合わせて軌道修正を加えて共存を図らなければならない必要性もみえてきた。

こうした時代と都市の変質に対応したまちづくりや都市建築づくりといった課題に応えるためには、これまでの重厚長大でロングスパンな計画に沿った都市づくりに加えて、軽量でつくりやすく改変や移設が容易で、建築と家具の中間スケールをもった、建築の内部とその周囲の都市とを縁側のようにつなぐインターフェイスが必要だと思う。そしてそのインターフェイスをルーズにつくり、状況の変化に合わせてフレキシブルに軌道修正をしていくようなまちづくりのあり方が、ひとつの解決策になるのではなかろうかと考えている。同時にこうしたルーズなインターフェイスが役割を発揮していくためには、もうひとつの世界の存在が不可欠であることは言うまでもない。またルーズなインターフェイスは、現実世界と「デジタルツイン」とを架橋することで、これまでのインフラストラクチャーに替わる「ソフトウエア・インフラストラクチャー」といった概念を生み出せるかもしれない。計画に加えて、都市の境界を変質させ、都市を連歌のごとくつなぎ、軌道修正を図っていくルーズなインターフェイスと、それを実現するための理論とデザイン手法が、今の都市づくりには必要なのではなかろうか。

第3章 計画か、アルゴリズムか?

都市や建築をつくる悩み

遠い将来をあらかじめ見越して、都市や建築を「計画」し切ることは、もはやこの混沌とした社会状況の中では至難の技である。予想すらできない将来に向かって精緻であろうと計画だけで立ち向かうことは、もはや無謀にも感じられる。

しかし一方で都市や建築は必要とされているし、僕らはそれらをデザインし、つくっていかなければならない役回りに立たされている。この状況に対し、計画では抜け落ちてしまう何かを補うために、都市や建築への関わり方のひとつとして、僕自身は「軌道修正」という方法があるのではないか、と考えるようになった。

ここ第3章では、都市や建築を軌道修正していく具体的な方法について悩んでみたいと思う。

1　計画からアルゴリズムへ

計画から軌道修正へ

計画とは、将来のおおよその見通しがつく前提で、その予想可能な将来に向けてなるべく精緻に物事をデザインしようという姿勢である。その前提としては、予想を覆すような事態は稀に起こる「想定外」として、つまり例外的なこととして扱われるものと想定されているはずだ。一方僕が、都市や建築をつくる上でもはやすべてを計画することは困難であり、かなりの部分に軌道修正的な関わりが必要だと感じているのは、建築はもとより都市に至っては将来の予想なんてことはそもそも困難であり、実は想定外のことが起こるのが日常茶飯事と考えるようになったからだ。それゆえに、将来を見越して都市や建築を精緻に計画して、完璧を目指して大掛かりにつくっても、多くの部分が思った通りには機能しないだろう。それならば、ある程度つくってみて、それが実際の都市の中でどう機能しているかを確認しつつ、都市や建築に短いサイクルで調整を加えていった方が具合のいい結果を導くのではなかろうかと考えるようになった。

ここ第3章では、その軌道修正を実際に行う方法をデザインの立場から考えてみたいと思う。軌道修正をフレキシブルに実現するには、かたち自体を決定することなくかたちを決める手順を決め、実際のかたちはその時点でのさまざまな状況を「変数」として取り入れ、かたちを生み出していくような、状況に合わせた軌道修正の手順自体が組み込まれた「アルゴリズム」（変数を使って、かたちを生み出すための手順やルールを定型化したもの）によるデザインが有効ではないかと思うようになってきた。

もっとも冷静になれば、この計画とアルゴリズムといったふたつの考え方はどちらが正しいという性格のものではなく、デザインをしなければならない対象物を取り巻く状況が、安定していて予測可能な状況であるか、変化に富んでいて予測不可能な状況にあるかがまず先にあり、その結果どちらのデザイン手法を取ることが有効か否かと捉えるべきものといえそうだ。

ICTによる情報の多様化

それでは何が、都市や建築を取り巻く状況であり、複雑な状況へと著しく変化しているのだろうか。端的に言って、それは人間が獲得できる情報の量と精度が桁違いに大きくなり複雑になったためだと僕は考えている。「ICT」つまりインフォメーション&コミュニケーション・テクノロジーと呼ばれている、コンピューターの著しい進化に伴い、人間が個人の脳では処理できないほど大量の情報を手に入れられるような技術が登場したことが発端であろう。同様に、僕らは都市や建築を取り巻く状況についても、ICTの進歩によりこれまでとは桁違いに多くの情報を手にできる、いや手にしなければならない時代に至った。代表的なものはビッグデータと呼ばれるコンピューター上に存在する膨大な量のデータであったが、今では携帯電話などのディバイスから獲得できるリアルタイムな個人情報の集積がそこに重なり、さらに建築をはじめとした都市に点在するあらゆるモノがIoTにより、情報を交換できるディバイスとなることで、都市や建築と人間が交換できる情報量が莫大に増えることになる。そしてそれらの情報がデジタル化されコンピューターによって処理可能であることから、現実の都市や建築の情報の塊が「デジタルツイン」や「ミラーワールド」と呼ばれる、もうひとつのバーチャルな世界を生み出しつつある状況となっている。つまり、僕らはかつてないほどに都市や建築、そしてそこで活動している人間からの情報を獲得できるようになり、極めてセンシティブな状況の真っただ中にいるわけだ。

世の中では、多様性やＶＵＣＡといったように、社会自体が複雑化し、それに基づいて我々が都市や建築をデザインするにあたり考慮すべき問題が膨大になってきているという捉え方が一般的である。確かにこの傾向もあるとは思うが、僕がここで指摘しておきたいのは、都市自体が変わっているかいないかとは別に、われわれが知覚する情報量が爆発的に増加した時代が訪れたことにより、都市から受け入れる情報自体が多様化していると捉えるべきだと考えている。言い換えれば、都市や建築から得られる情報がＩＣＴの登場により膨大化し、複雑化したため人間の処理能力を超えてしまい、結果としてわれわれはＩＣＴやアルゴリズムといったものの助けを用いない限りそれに対処できないという、いわば自己矛盾の中に置かれているともいえるわけだ。

ヒューリスティックで柔軟に

いずれにせよ、この変化の激しい都市と建築を取り巻く状況の中で、かつて「計画」の中で試みられたようにすべての情報を取り込み、精緻に最適解を求めることは技術上も不可能になりつつある。また仮にできたとしても、過去をいかに振り返りトレンドをなぞったところで、将来が正確に予測できるわけではない。あくまで情報は過去のものとして割り切り、ある意味膨大な情報をいい塩梅に扱いそれなりの答えを導き、後は現実の変化に合わせて軌道修正を加えていく方が、適切な答えが見つかりそうにも思えてくる。「アジャイル」（もともとはソフトウエア開発において、迅速かつ手戻りリスクのないソフトウエア開発法として、プロジェクトを小さく分けて、比較的少人数で、一か所に籠り、なるべく付帯書類の作成を抑えフェイストゥフェイスのコミュニケーションを重視した開発手法である。手戻りが多い建築設計界が、この考えを導入して効率の向上を図る動きが出てきている）や「コンカレント」（モノづくりにおいて、設計、解析、試作という、一般的にはシーケンシャルに行われていたプロセスを、プロジェクト初期から同時に始めることで、開発期間の短縮化を図る手法。建築設計においても影響が大きい構造設計や仮設計画を前倒しで行うことで、設計期間の短縮を図るために導入する動きが出てきている）などと呼ばれている設計方法とも類似した考え方といえるかもしれない。ＩＣＴの世界にも似た考え方はあるようで、それは「ヒューリスティック」（時間をかけて確実なものを求めるのではなく、経験則などに基づき確からしい答えに近づこうとする考え方やアルゴリズムで、問題解決に向けて膨大な読み手が必要な場合に威力を発揮するといわれている）と呼ばれている。ヒューリスティックの事例としては、読み手数が多く全手読みが不可能な囲碁のプログラムにおいて、ヒューリスティックな考え方を取り入れたことにより、ゲームの枠組みの中で有効な差し手を計算するスピードが実用的なものとなり、各段に強くなった例などが有名である。また現在のA.I.ブームの元となった「ディープラーニング」（従来、ＡＩにおいては、コンピューターに学習させることが大きな作業のひとつであったが、これを機械自体にやらせようという機械学習という手法が登場した。ディープラーニングはそのひとつで、人間のニューロンの仕組みを模したニューラルネットワークを多層化することで、データの中から特徴を読み出しパターンを学習することで、極めて高い精度での認識が実現できるようになったシステムやその手法）でも、ディープラーニング自体のアルゴリズムは明確であるものの、その明確なアルゴリズムがデータを通した学習の結果、導き出した答えは、説明が困難なものになっているという。事実現在では、A.I.が導いた答えとプロセスとを、いかに説明するかが新しい課題になっている。かくのごとく、複雑な状況における因果関係の説明は難しく、計画は困難になっている。

今必要なのは、都市や建築を取り巻く状況を変数として、都市や建築を適切な方向へと軌道修正を行う視座を組み込んだヒューリスティックなアルゴリズムにより、新たにつくりつつ、同時に既成の都市や建築に軌道修正をかけ、時代に即したモノへとチューニングしていくようなデザイン手法を生み出すことではなかろうか？

2　インダストリー４・０　ICTがモノづくりを大きく変えようとしている？

ICTがモノづくりを大きく変える

多様化し、最適解が見つからない今、新しいモノづくりの手法は、むしろ建築の世界に先行して大量生産をベースとしていたその他のモノづくりの世界で先行して検討されている。そこでの特徴のひとつは、複雑極まりない今の時代を乗り越えるために、これまで金科玉条のごとく守られてきた、大量生産に変わる新しいモノづくりの模索である。そこでの鍵となっているのもICTである。いうなれば、「ICTがすべてのモノづくりを大きく変えようとしている」時代が到来したということであろうか。

その先駆的な事例が、「インダストリー４・０」と呼ばれている一連の動きだ。近年、多くの学者や経済界の人びとが、４つ目の産業革命の到来を指摘している。１つ目の産業革命は、18世紀後半から19世紀にかけてイギリスから始まった動きで、水力や蒸気力を利用した生産の向上が特徴であった。２つ目の産業革命は、19世紀後半から20世紀半ばにかけての動きで、生産のための動力を電力や石油に替えたもので、生産性の著しい向上によりいわゆる大量生産を実現したものである。3つ目の産業革命は、20世紀後半にコンピューターによる生産の向上が図れた状態を指す。そして今4つ目の産業革命が訪れようとしているという。ここでのメインプレイヤーは、デジタル情報とインターネットを核とした情報コミュニケーションの大幅な進展とA.I.の組み合わせであり、この4つ目の産業革命が、これまでの大量生産のパラダイムを大きく変えるといわれている。ドイツ政府は、こうした状況にいち早く反応し、これをインダストリー4・0と名付け、2011年に国策の中心へとそれを据えた。

インダストリー4・0がもたらすモノづくりの変化

インダストリー4・0といえば、一般には工業生産物の世界の話として受け取られている。しかし僕は、このインダストリー4・0は、建築や都市を含めたあらゆるモノづくりに影響を与えるのではないかと考えている。建築のデザインや建設も、例外ではなくむしろ、インダストリー4・0は、本来一品生産である建築のデザインにおいて、大きな影響力をもつのではなかろうかと、僕は考えている。抽象的な話が続いたので、ここで起こっていることのイメージを共有するために、印刷ビジネスを例にとって考えてみたい。

15世紀半ば、活版印刷術が発明され、本格的な大量生産物である印刷物が誕生し、一部聖職者などに限られていた「知識」といった情報が大量の書籍となり、広く世の中に流布するようになった。20世紀後半になると第三次産業革命の流れの中で、モノづくりがコンピューター化され印刷物をより手軽につくることを目的としてＤＴＰ、つまりデスクトップ・パブリッシングという概念が生まれた。つくりたい印刷物の最終的な形状を画面で確認しながら作成を進めていけるという画期的なツールであった。今われわれが「ワープロ（ワードプロセッサ）」と呼んでいるものだ。印刷物の作成に関わる労力が激減したため、もともとは大量生産を前提としていた印刷物が必要な時に必要な枚数だけ印刷することができるようになった。ＤＴＰの出現により、これまで印刷物の根本原理であった大量生産という原則が崩れ、少量多品種の印刷物がプリンターというオンデマンドの印刷機で実現されるようになった。当然のように、紙媒体であった書籍が、「電子ブック」といった新しい形態で広がり始め、書籍はその形状も変え始めた。そして今や、ＤＴＰでつくられた文章がインターネットと結びつき、個人から発信された文字情報や画像情報が、世界中を駆け回る時代になった。Twitter やFacebook などのソーシャルメディアを思い浮かべていただければ、容易に理解されることだと思う。

インダストリー４・０を支える４つのキーワード

ＤＴＰ、つまりＩＣＴと印刷技術が出合ったことにより、印刷技術も、印刷に関わるビジネスも、そして印刷物そのものも大きく変わったのだ。そして今、ＤＴＰの誕生により印刷物に起きた大変化のように、あらゆるモノづくりがインダストリー４・０によって、激変するのではないかと僕は考えている。建築の世界で、インダストリー４・０がどのような変化を引き起こしていくかを考えてみるためには、インダストリー４・０のキーワードに沿って順番に考えることが近道になるだろう。

建築のインダストリー４・０を可能とすると思われる重要なキーワードは、以下の４つになる。

●ＩＣＴ（Information and Communication Technology）情報通信革命
●IoT（Internet of Things）モノのインターネット化
●大量生産から、マスカスタマイゼーションへ
●A.I.（Artificial Intelligence）人工知能

４つのキーワードについて、ひとつずつ簡単に説明をしていきたいと思う。

ＩＣＴについてはこれまでも繰り返し説明をしてきたので、ここでは特に説明はいらないと思う。

２つ目のIoTは、インターネットを介して、モノとモノ、そして人間が情報交換をできるようにつながった状態だ。その極めて初歩的なものは、すでにGoogle homeやAlexaを使っている方ならば、スピーカーや携帯電話に話しかけるだけで、電気をつけたり消したり、テレビの録画予約を外出先からコントロールするという経験をされているだろう。スマートフォンや家電に加え

て、建築自体が種々のセンシング機能をもち、インターネットで連携して連動的に操作されることで、何かすごいことが起きるのではないかという予感からか、さまざまな分野で今IoTが話題となっているのはご承知の通りだ。

3つ目のマスカスタマイゼーションというのは、マスプロダクション、つまり第二次と第三次産業革命を支えてきた「大量生産」に対峙するモノづくりにおける新しい価値観であるといえるだろう。

20世紀においては、機械の力を使った大量生産こそが人びとに平等をもたらす正義だと考えられていた。ところが現在では、ＩＣＴの力を借りて個人が個々に必要とするモノを、必要に応じて必要なだけつくることが比較的容易になりつつある。安くつくれるからといって大量につくるのではなく、個人のニーズに即したモノを必要な時に必要な量をつくるほうが、経済的で環境に優しいと考えてもいいだろう。言い換えれば、20世紀は「平均」の時代であったともいえるだろう。多くの人の平均値を取り、それを標準として大量生産をしていたからだ。しかし平均値は逆に、多くの人にとってジャストフィットをしていない状況を生み出しているともいえる。Tシャツを例にとって説明をすれば、20世紀は大きく平均値を3つ取って、L、M、Sと3つのサイズで大量生産をしていた。この結果、多くの人が着ることはできるものの、ジャストフィットではない状況を生んでいたといえる。Tシャツがマスカスタマイゼーションされるようになると、まずデジタルスキャナによって購入者の体が計測され、三次元プリンターにより必要な分だけTシャツがつくられる状況になり、在庫も返品もなくなり、環境に優しくコストコンシャスで、何よりも購入者全員がジャストフィットのTシャツを着ることができるようになるわけだ。もっとも、ルーズフィットで構わないTシャツであればマスカスタマイゼーションの恩恵はそれほど感じることはできないが、より寸法にシビアな靴や帽子や下着の場合を想像すれば、その恩恵の大きさが分かるはずだ。このマスカスタマイゼーションという新しいモノのつくり方は、インダストリー4・0の中核を成す、重要な考え方であると同時に、そもそも一品生産が当然である都市や建築づくりにおいて、インダストリー4・0がもたらす恩恵を考えると、極めて重要なポイントであることが分かると思う。

4つ目は、A.I.である。IoTやマスカスタマイゼーションの実現のためには、今以上に多くの知的生産活動が必要になる。昨今のA.I.ブームの中で、いきなりとてつもない変化をわれわれにもたらすような報道がなされているが、僕自身はまだまだ今のA.I.はそういった領域にたどり着いているとは思ってはいない。クリエイティビティを要するような仕事を人間に代わって成し遂げるような時代が来るには、まだいくつかの革新的なステップアップと、そのための時間を要するのではないかと思っている。もっとも、ディープラーニングを備えたA.I.同士に将棋をプレイさせているうちに、人間が考えもしなかった新しい手を生み出したとの報道を見ると、これもひとつのクリエイティビティにも思えるので、実はA.I.がクリエイティビティの面でも人間を超える日が来るのは意外に近いかもしれない、と思ったりもするのだが。

ただ現時点においても言い切れることは、膨大なデータを駆使して最適なものを類推していく作業においては、すでにA.I.は人間を大きく凌駕している。この点においてだけ限っても、A.I.はインダストリー4・0の実現の上で不可欠となる知的生産活動を補うものになることは間違いないだろう。

将来の予想はあてにならないから、計画ではなく、軌道修正とアルゴリズムによって都市や建築をデザインしていくべきではなかろうかと書き出した割には、インダストリー4・0の実現に向けては予想や期待が多く含まれたような書きぶりになっていることに、読者はいぶかしさを感じているかもしれない。確かに、インダストリー4・0が提唱された2011年当時は、A.I.の領域でいえばディープラーニングの輪郭すら曖昧な時代であった。それから8年が経過し、見えてきたのは世の中やモノのつくり方の動きは、どうやらインダストリー4・0で予言されていた方向に動いているという実感がある。今や、モノづくりはイインダストリー4・0が提唱する方向へと軌道修正すべきタイミングが訪れたというのが、僕の実感である。

ここに掲げた4つのキーワードはインダストリー4・0の実現には不可欠なものであり、昨今の技術革新により、4つのどれもが実用へと急速に近づいているため、注視が必要だ。もはや夢物語ではなく、現実の話となりつつある。建築や都市におけるモノづくりも、デザインも、間違いなくインダストリー4・0的な方向へ進むのではなかろうか。

3 建築のABCDEis

モノづくりのフィールドにおいては、インダストリー4・0が進行しつつあるとして、それでは都市や建築デザインやモノづくりの世界で、こうした動きは、いつになったら現実のものとして始まりそうであるか？　という疑問がわいてくるだろう。僕自身は、建築の世界でもすでにいくつかの動きが始まっていると捉えている。それも前衛的で実験的な領域ではなく、より実践的な場でも新しい試みが始まっているというのが、僕の見方だ。ここでは僕なりの7つの領域に分けた説明と、実務の中でチャレンジしてきた試みを紹介したいと思う。

建築におけるインダストリー4・0的モノづくりは、次の7つのキーワードで捉えることができそうだ。

● A.I.

- ＢＩＭ
- Computational Design
- Digital Fabrication
- eコマース
- IoT
- Simulation

たまたま、7つの領域の頭文字を並べてみるとA, B, C, D, E, I, Sとなるので、語呂合わせで「建築のABCDEis（エービシーディィイーイズ）」と名付けてみた。この順番に沿って説明をしていく。

A.I.

最初は、A.I.の領域での試みを紹介する。都市や建築におけるインダストリー4・0の実現のためにも、これから述べる7つの領域のそれぞれに必要となる知的な労働をリーズナブルに処理していくためにも、加えてＩＣＴの影響力がますます高まっていくと思われる建物の設計、施工、運用を進めるためにも、これまで以上にさまざまな知的な労働量が増えることは明らかである。ここに人間を投入していたのでは生産性は上がらないし、当面は人間の厚い関与が必要と思われるクリエイティブな作業が手薄になりかねない。すでにA.I.の方が人間より得意となった、大量のデータの処理や、大量のデータの中からあるパターンを類推するような作業は、もはやA.I.に任せていく時代が到来したようだ。幸いなことに、ここに掲げた7つの領域のいずれにおいても、扱われている情報はデジタル化が進んでいるため、A.I.をうまく使えれば、都市や建築のより高品質な設計と施工のみならず、管理運用などもより効果的に行うことができる可能性が広がっている。だが一方でA.I.は、建築のABCDEisを支える最も重要な技術であると多くの関係者が期待している中で、都市や建築デザインの領域においては、実は最も未開発な部分といえる。実用に向けた開発が求められている。

だがここにきて、A.I.に関する数々の動きが、都市や建築づくりのフィールドでも出始めてもいる。実は、2018年から2019年にかけては、A.I.の汎用モジュールが登場し始め、あらゆる分野のビジネスや知的活動への応用が始まった時期だ。これまでA.I.やICTとは縁遠かった企業においても、A.I.の活用が試行され始めた。建築領域においても、スターツ（株式会社スターツ総合研究所）がA.I.を用いた賃貸住宅の建築計画と事業計画を自動で一括作成するシステムを開発したという発表（2018年3月）や、ゼネコン各社が現場の人手不足を補うべくA.I.を利用する検討に乗り出したなどの記事が建築専門メディアを賑わした。

僕が所属する日建設計でもいくつかの動きが出ている。メディアに発表されたものだけでも、大手通信会社との業務提携（2017年11月）や、建築専門雑誌社と日建設計DDLなどによるA.I.を用いた建築情報の高度利用を図る「index architecture」の動き（２０１９年1月）、ＮＳＲＩ（日建設計総合研究所）によるA.I.を用いたエリアマネジメントの共同研究（２０１７年11月）などの動きがある。遅ればせながら、A.I.の利用は都市や建築づくりのフィールドでも今一番ホットな話題になりつつあるようだ。これまでは話題先行型ではあったが、今後は実プロジェクトにおけるA.I.の利用事例が数多く発表されていくことだろう。

僕自身も、ディープラーニングや機械学習を用いたレベルのA.I.を実プロジェクトに用いた経験はないが、第1章の内壁についての事例としても取り上げた「桐朋学園大学調布キャンパス１号館」（以後、「桐朋」と記載）の設計プロセスでルールベースの簡易なA.I.によるプランニングのアシストを経験し、その力強さと、ABCDE isの連携が完成した時の可能性を感じることができた。本プロジェクトについては第1章「4　うまくつなげられない（2）内壁に関わる悩み」にて前述しているので、ここではABCDE isの活用について紹介したい。

そのアウトラインは以下のようなものだ。「桐朋」の主たる機能は、クラシック音楽教育のための教育施設であり、数多くのレッスン室やアンサンブル室から構成されている。これら諸室の形状決定にあたっては、各パートごとのヒアリングやリサーチを行ったが、その結果、すべてのレッスン室が異なったサイズとかたちをもつことになり、これまでの伝統的な通り芯に頼った設計方法では、平面計画をうまくまとめきれないことが見えてきた。

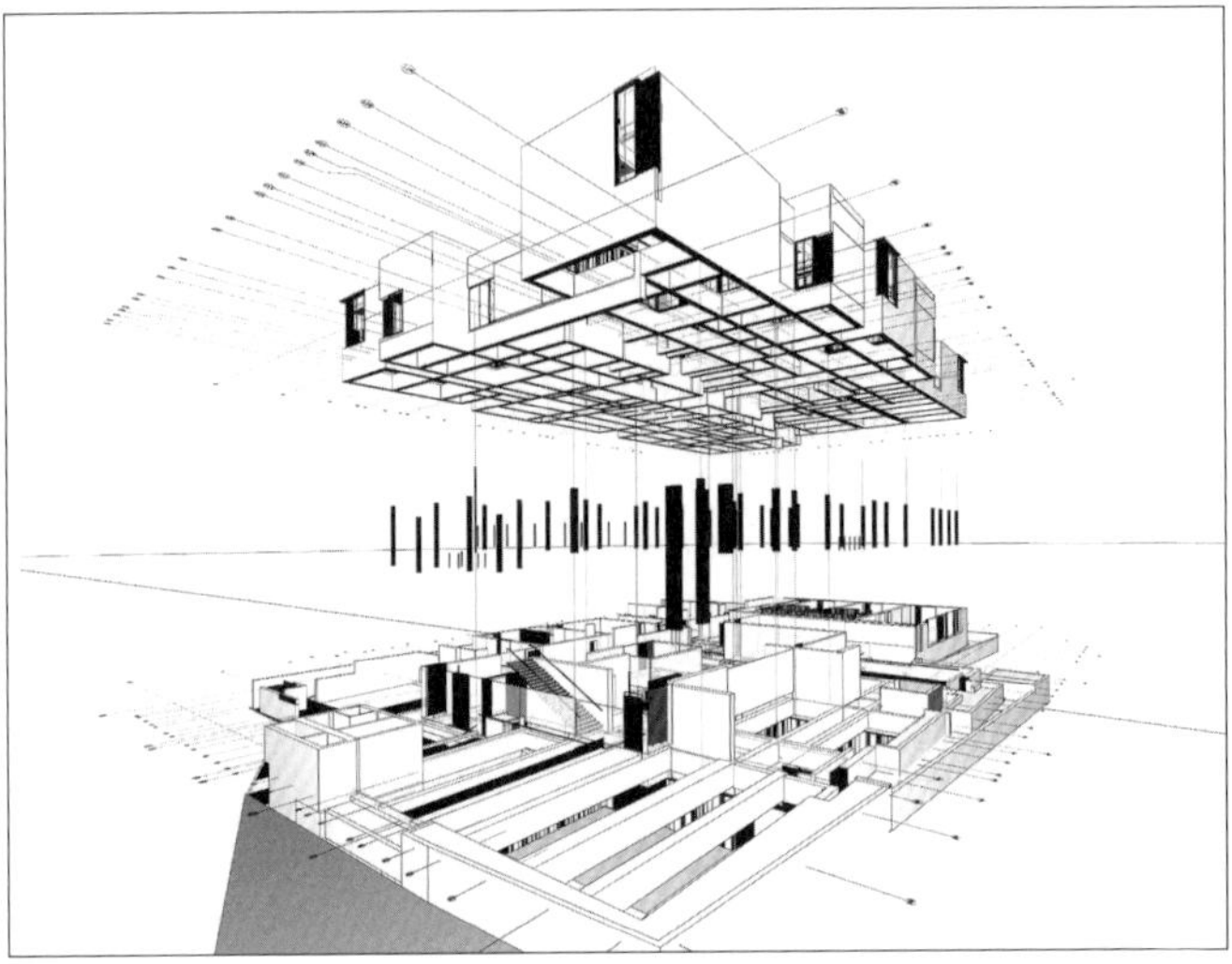

「桐朋学園大学調布キャンパス1号館」BIMダイアグラム

2階には音量の小さい弦楽器のための小ぶりなレッスン室をRC壁式構造で配し、地下1階では土を効果的な遮音材として用いることができるため、大きな音を発生する大ぶりなアンサンブル室を同様にRC壁式構造で配置し、さらには1階には動線と学生の休息の場を兼ねたピロティ状の空間を設けることが建築計画上は最適に思われたが、各層ごとに構造が異なり不連続で不合理であり、構造的に成立させることが難しいように思えた。

ただし見方を変えて、地下1階のアンサンブル室のRC壁と2階のレッスン室のRC壁の交点の位置に、1階でその柱をピロティ状に通せる位置を探し出すことができれば、柱は地下1階から地上2階までまっすぐ通り、RC造として成立する可能性がある。レッ

「桐朋学園大学調布キャンパス1号館」地下1階内観

スン室やアンサンブル室の大きさやプロポーションは変えずに、それらに挟まれた廊下やサンクンガーデンや光庭のスパンを変えるだけで、RC構造として成立する位置に柱が配置できるように、2階のレッスン室と地下1階のアンサンブル室を配置すれば、構造的課題が解決し、全体を建築として統合できるわけである。

最初は人力のみで解決を図ろうと考えたが、作業は難航した。あちらを立てればこちらが立たずの状況が堂々巡りして、一向に平面計画が収束しなかった。そこで、レッスン室とアンサンブル室の重ね方を調整しつつ柱位置の最適な位置を探す簡略なルールベースのコンピューター・プログラムを作成してみたところ、収束の方向が見えてきた。

「桐朋学園大学調布キャンパス1号館」1階内観

一度初期値が見つかってしまえば、その後の微調整は人間の手に任せた方が効率的であったため、A.I.によるアプローチは初期段階にまだとどまっているものであったが、それでもA.I.によりエンハンスされた環境でのデザインの可能性を肌で感じることができた経験だった。

BIM

BIMは今では説明の必要がないほど知られたキーワードとなったが、ここでは軽くそのアウトラインに触れておきたいと思う。

BIMとは、Building Information Modelもしくは Modelingの略で、建築の3次元の形態情報に、柱や壁といった建築の部材としての概念の情報や、コストなどの情報を統合し

「桐朋学園大学調布キャンパス1号館」2階内観

たかたちで保有しているデータ、もしくはそうしたデータを取り扱う手法や、コンピューター・プログラムを指し示す総称だ。

僕自身は1990年代より、3次元CADを建築実務の中で用いてきたが、すでに当時使っていたプログラム(ArchiCAD)には「バーチャル・ビルディング」というコンセプトで同様な操作ができるようになっており、設計にあたっては三次元のバーチャル・ビルディングをまずコンピューターのバーチャル・ワールドの中に組み立て、二次元の設計図はそこからソフトウエアが切り出すという環境に慣れ親しんでいた。ところが2006年から2007年にかけて、同様のコンセプトを設計段階からさらに拡張し、建築のライフサイクルで使っていこうという動きがヨーロッパやアメリカで同時多発的に高まり、ＢＩＭというコンセプトにまとまりつつあることを知った。２００８年には、アメリカのＡＩＡ総会（American Institute of Architects　アメリカ建築家協会が年に１回開催する総会）やAutodesk University（ＢＩＭの代表的ソフトウエアであるＲｅｖｉｔを開発販売するAutodeskが開催する大規模な勉強会）などに参加し、同時にハンガリーのGraphisoft社（ＢＩＭのもうひとつのスタンダードとなっているプログラムであるArchiCADの開発販売をしている会社）などを訪ね、ＢＩＭが次世代の建築設計、施工、管理で重要なコンセプトになることを確信した。さっそく社内で、ＢＩＭチームの試験的チーム立ち上げのための企画書を書き上げ、提出した。ただしＢＩＭを有効に使うには、僕らだけが頑張ってみたところで、ほとんど意味をなさない。社会全体がＢＩＭを使って初めて、その威力が発揮されるように思われた。このため、社内用の企画書に肉付けをして書き上げたのが『ＢＩＭ建設革命』（日本実業出版社、２００９年）だ。これが日本で最初のＢＩＭに関するまとまった書籍となった。

この本の中で、僕は２００９年を「ＢＩＭ元年」と勝手に位置付け、以後本業の傍らＢＩＭ普及のための講演会や、自分の担当プロジェクトでのＢＩＭの積極的利用を進めてきた。「木材会館」（２００９年）のファサードデザイン、「ホキ美術館」（２０１０年）や一度目の日本建築学会賞（作品）を２０１４年にいただいた「ＮＢＦ大崎ビル（旧ソニーシティ大崎）」（２０１１年）の設計にはＢＩＭを導入することで、デザイン密度を高めることができることを実感した。さらには、「ラゾーナ川崎東芝ビル」（２０１３年）以降、設計を担当した「桐朋学園大学調布キャンパス１号館」（２０１４年）、「On the water」（２０１５年）、「長崎県庁舎」（２０１８年）の設計は、ほぼ１００％をＢＩＭで行ってきた。

同時に、社内ではＢＩＭを推進するためのチームとして「３Ｄセンター」（Digital Design Development Centerの略）の設立を提言し、２０１１年に発足。ＢＩＭ推進に向けて全社的な加速を加える体制が整い、ザハ・ハディドとのコラボレーションであった幻の「新国立競技場案」の設計図はすべてＢＩＭで描かれるような状況になっていた。

こうしてＢＩＭ元年より、あっという間に10年が経過した。当初はＢＩＭ自体に対する懐疑的な意見も多数寄せられたのだが、今やツールとしてのＢＩＭの有用性は広く共有され、いかに実践するかという状況へと至ったように思っている。施工への応用はすでに始まっており、今後はさらにデューデリジェンス（建築分野では、不動産投資や売買を行うにあたって、建築物の価値やリスクを調査・評価する作業をいう）のための重要資料と位置付けられたり、ビルメンテナンスのカルテ、ＦＭ（ファシリティ・マネージメント）などに展開されたりしていくことは確実である。

ＢＩＭのさらなる展開としては、人間が部材を一つひとつ手入力するのみならず、アルゴリズムによって部材を自動的に生成し配置するための拡張が重要となってきた。これについても市販のＢＩＭソフトウエアは大幅な機能拡張を始めており、その領域で先行するRhinoceros＋Grasshopperとの連携や、ソフトウエア自体に類似機能が組み込まれる状況となり、ＢＩＭならではのアルゴリズムと直結した設計手順も取れるようになってきた。

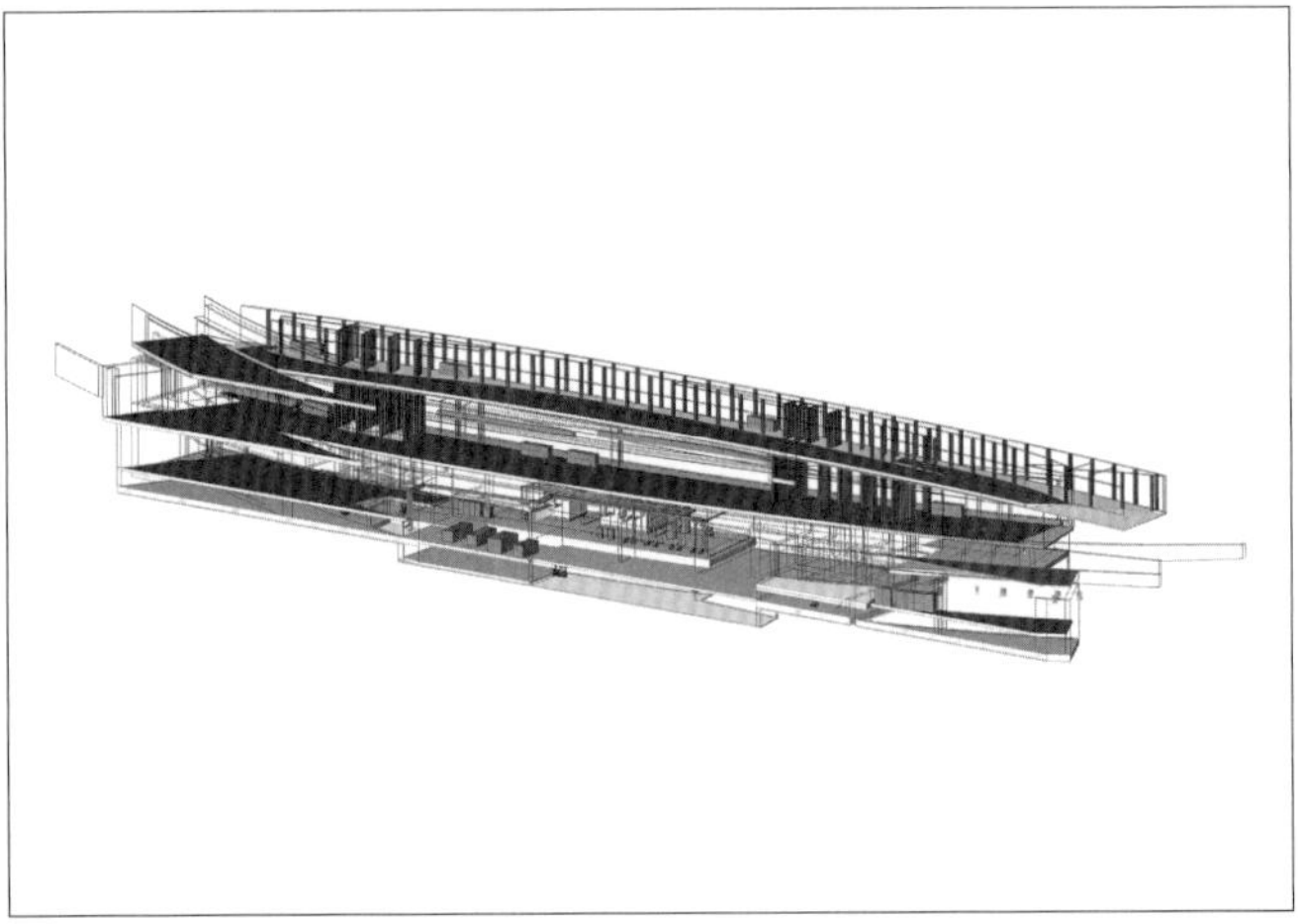

「ホキ美術館」BIM

余談になるが、ABCDEisの視点からを見た時には、単なる設計の道具にはとどまらない役割と魅力が見えてくる。ABCDE isのどれもが、3次元のバーチャル空間に広がるデジタルな形状情報と、デジタルな建築情報をベースに成立しているため、もはや一般的な二次元の設計図は役に立たない。二次元の図面に代わりBIMこそがABCDEisの共通言語やデジタルデータ活用のプラットフォームとなっていくということが、重要なポイントである。このためには、BIMの標準化が必要になるとの主張が一般的であるが、現在はここでつまずいているようだ。

BIMをいかに標準化するかについては、BIM誕生直後から、BuildingSmartなどの

「ホキ美術館」外観

民間の団体でＩＦＣなどのデータフォーマットを通して、検討が重ねられて来た。もうひとつの動きは、政府主導の動きで、国策としてＢＩＭの導入を図ったシンガポールやイギリスで標準化が推進されたが、未だに有効な標準化には至っていないようだ。

まったくの私見であるが、ＢＩＭのようなこれから成長を遂げていくシステムにおいては、そもそも完全な標準化を事前に行うことは不可能であり、また完全なる標準化を待っていたのではいつになってもＢＩＭは使い始めることができないのでは、と危惧している。膨大なデータの中からほぼ標準化できそうなものを探し、整理させる作業こそA.I.に任せ、ある曖昧さを許容しつつ、標準化を動的に進めるべきではなかろうかと感じている。今必要なのはルーズなＢＩＭであり、ＢＩＭのルーズな標準化であるのではなかろうかと、僕は考えている。

Computational Design（コンピュテーショナル・デザイン）

コンピュテーショナル・デザインとは建築の「かたち」を生み出していくための画期的な技術だ。通常の設計プロセスでは、建築の「かたち」は、種々の条件を踏まえて建築家がひねり出す。ところがコンピュテーショナル・デザインでは、建築家はかたちを生み出す条件をパラメータ（変数）として用意し、かたちを生み出すルールをアルゴリズムとして定めるだけで、最終的な建築のかたちそのものは建築家が直接決めない。代わってコンピューターが、大量のパラメータを条件として、それらに合致した合理的なかたちを、建築家が定めたアルゴリズムに従ってひねり出すのだ。都市設計や大型複合建築物のデザインなど、複雑な条件を満たさなければならないデザインの領域では、目覚ましい活躍をする可能性がある。前述したとおり、デザインの方向は「平均値」を求めるマスプロダクションの時代から、「個別最適解」を求めるマスカスタマイゼーションの方向へとシフトしつつある。大量のパラメータからアルゴリズムに即して個別最適解を求めるという課題に対しては、コンピュテーショナル・デザインの方法論は、極めて反りが合うものといえるだろう。

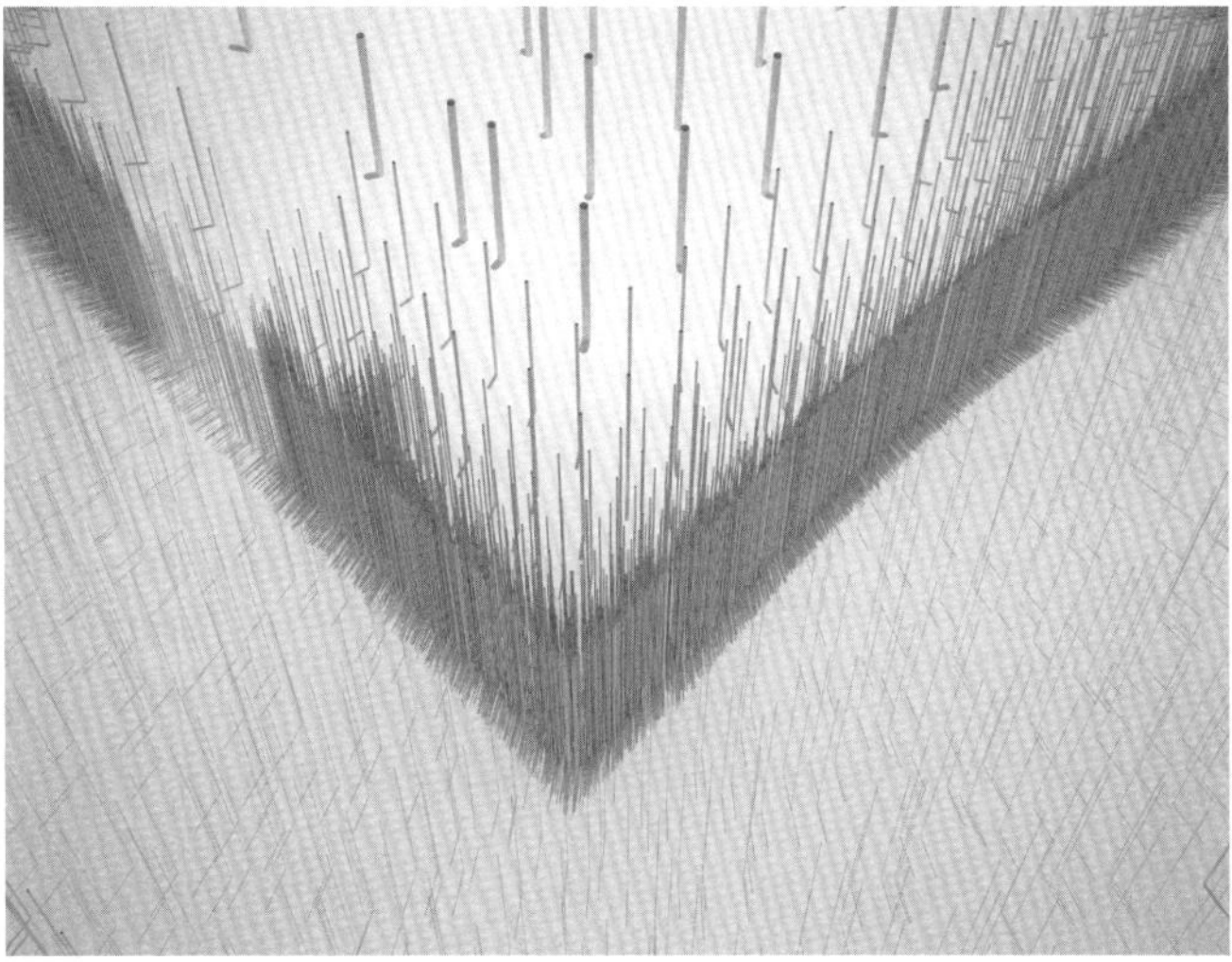
「ラゾーナ川崎東芝ビル」コンセプトCG

ここでは、初歩的なコンピュテーショナル・デザインを事例として紹介させていただく。このCGは、「垂直の物体が、ある条件に近づくにつれて、より密度高く並ぶ」という単純なアルゴリズムを使ったコンピュテーショナル・デザインの手法によって、生み出したかたちである。まあ美しいといえなくもないが、与えた条件が意味のない幾何学なので、描き出されたかたちも意味をもたないものになっている。ただし、垂直の物体や、物体の太さは、コンピューターが計算して生み出したものなので、非常に大量にありランダムに配置されているが、すべての位置と太さ情報はきちんとコンピューター上で管理されている。例えば模型をつくる時には、垂直の物体の位置と太さに関する情報をエクセルシートに書き出

「ラゾーナ川崎東芝ビル」南側ファサード

しメールで送れば、模型メーカーとの打ち合わせなしでCGはきちんと模型化することができる。

重要なのはここから。さらに条件とパラメータを、ルーバー背後に置かれた機械を隠すとか、窓に入ってくる日差しを切るように配置するとか、空調機自体は最も効率が良くなるように分散的に配置させるといったように意味のあるものに置き換えると、まったく同じアルゴリズムが、別のかたち、別のファサードをひねり出してくれるということだ。実は、「ラゾーナ川崎東芝ビル」のファサードのルーバー配置は、こんなコンピュテーショナル・デザインの手法を使って生み出したものだ。

コンピュテーショナル・デザインの世界では、こうしたかたちの生み出し方を「生成する（generate）」と呼んでいるのだが、一見すると明確なパターンが見えないため、ルールが存在しないランダムな配置に見える。だが個々のルーバーの集散状況は、すべて意味をもっているところに特徴がある。コンピューターが介在しているため、配置案を生成するのに要するルーバーの本数は、常にカウントされ、コストに収まる本数以内で提案されていることはいうまでもない。プログラムを走らせると、おおよそ正解のルーバー配置案を複数生成してくれるので、建築家はそこから気に入った案を選ぶことになる。案が選ばれた瞬間に、コンピューターがＢＩＭ上にルーバーの位置データを書き出し、ファサードの図面はほぼ自動で作成される。

ごく初歩的な例であるが、コンピュテーショナル・デザインの手法を使ったデザインは、こんな手順で複雑な与件を取りまとめ、ひとつのかたちへと収束させていくのである。

Digital Fabrication（デジタル・ファブリケーション）

デジタル・ファブリケーションとは建設方法のイノベーションだ。設計のプロセスが、デジタル化され、コンピュテーショナル・デザインの手法により複雑な形状を効率的に扱えるようになっても、その建設が人間の手で行われていては、コストも下がらず合理性も引き出せない。しかし、建築の施工や部品づくりに、コンピューターを数値制御で動かす工作機械、「ＣＮＣ工作機」（Computerized Numerical Control　コンピューター数値制御の略）と呼ばれる機械や、ロボット、３Ｄプリンターを使えば、設計側が準備したデジタルデータを機械が読み込み、機械が直接モノをつくることで、これまでは生産することが難しかった複雑なかたちやモノを、簡単に生産性高くつくることができる可能性が出てきた。一つひとつの部材寸法が異なっていると、人間にとっては複雑に見えるが、コンピューターにとっては数値さえ明確に決まっていれば、一つひとつが異なっていても全部同じ数値であっても複雑さは同じになる。生産のプロセスに人間が深く関わっていた第三次産業革命までの大量生産の時代には、同じモノをたくさんつくることが、生産性の向上につながっていた。しかしインダストリー4・0の時代に至り、個別のかたちを効率よくきちんと定義さえできれば、そしてその数値を個別生産に適したシステムにきちんと流すことができれば、個々のかたちがバラバラであっても生産性が落ちないマスカスタマイゼーション時代の生産体系が現実のものとなりつつあるのだ。もともとが一品生産であり、これまで何度もユニット化による大量生産を目指しつつ失敗を繰り返してきた建築の分野においては、インダストリー4・0時代のマスカスタマイゼーションを取り入れ、かつコンピューターに制御された工作機が実現する新しいモノづくり、すなわちデジタル・ファブリケーションをそこに加えれば、大きな力となることには疑いがなく、爆発的な生産性の向上が期待されている。

このまったく新しい生産手法は現時点では、大量生産的な視点での利用にとどまっている。例えばザハ・ハディドがつくり出した自由曲面によるデザインも、本来のデジタル・ファブリケーションの趣旨からすれば、デザイン通りのユニークな（1枚ずつ個別な）カーブをもった外装が生産されるのが本筋だが、現時点では「最適化」と称していくつかの近似したカーブに分類して種類を減らし、大量生産的手法（金型や木型を用いた成型）で曲面をかたちづくっているのが主流である。

もっとも、自由曲面をすべてマスカスタマイゼーションすべきか、最適化をしてマスプロダクションすべきか、どちらが有利であるかはケースバイケースであり、当面デジタル・ファブリケーションは、両方の手法を適材適所で使っていくことになるだろう。とはいえ、現状ではマスカスタマイズ的デジタル・ファブリケーションは、建築の領域ではまだまだ進んでいない。モルタルを敷き固める大型の３Ｄプリンターが登場しているが、そのアウトプットは「紐づくり」による巨大な粘土細工の域を出ていないように見えるし、ロボットアームによる生産も、制御精度の確保からか、なかなか工場から飛び出すことができず、建築の部材を工場で生産する程度にとどまっている。

そんな中でも、金型を用いない金属加工による金属パネルのマスカスタマイゼーションは、最も実用に近づいているもののひとつかもしれない。ザハ・ハディドが手掛けたソウルの「東大門デザインプラザ」に使われている金属パネルは、剣山状に分割されて、つくりたい曲率に合わせて針状の棘が制御され、金属をプレスする方式でつくられたようだが、これはいわゆる「ダイレス金属加工」（定型金型なしの金属加工）の先駆といえるだろう。僕自身も、新国立競技場の設計中に、外装のオル

「木材会館」CNC工作機による部材の加工

タナティブとして、木型によらず自由曲面CFRP（Carbon Fiber Reinforced Plastics 炭素繊維強化プラスチックの略）の外装の実現を目指し某メーカーと検討を進めていたが、計画の中止により開発は頓挫してしまった。現在は、ザハのそれとはまったく発想の異なるダイレス金属加工による金属板曲面加工を某メーカーと進めているが、未だ近日公開という段階には至っていない。

　おそらく世界中で同様な、建築領域におけるマスカスタマイゼーションを目指したデジタル・ファブリケーション技術が同時並行的に検討されているはずである。これらの技術が表に出始めると、建築のつくり方は一変するはずである。

　もうひとつはCNC工作機による木材加工によるデジタル・ファブリケーションの方向で

「木材会館」CNC工作機で加工した追っ掛け大栓継ぎ

あろうか。

木材は古臭い材料にも感じられるが、自然素材であり、材料それ自体が炭素の固定を実現している環境素材でもあり加工がしやすいことから、今世界中で注目を集め、見直しが進んでいる材料となっている。これまでは匠の技を表現する高級な材料とみなされてきたが、実は木材の加工のしやすさという特徴は、CNC工作機との相性が良い。CNCによる高速で正確な加工は、木材という伝統的な材料を現代によみがえらせるための重要な手掛かりとなっている。

僕らがデザインを手掛けた「木材会館」に使われている木材も、そのほとんどがCNC工作機により加工されており、初等のデジタル・ファブリケーションを、実プロジェクト

「木材会館」7階ホール

で実践したものだ。特に最上階の純木造となっているスパン24mにもなる大梁には、CNC工作機で加工した木材がふんだんに使われている。例えば、木材を繊維方向につないでいる継手には、接着剤を用いなくても、曲げも、引っ張りも、圧縮も伝えることができる「追っ掛け大栓継ぎ」が使われている。これは人間が加工をしたのでは、1か所あたり15分以上の時間を要するため、自ずとコストが上がり、優秀な継手ではあるものの多くは用いられないものとなっていた。ところが「木材会館」では、CNC工作機を用いて追っ掛け大栓継ぎを人間の100倍ほどの速さで加工することで、コストを大幅に圧縮して、伝統的接手をリーズナブルに現代によみがえらせることに成功した。使われなくなりつつあった技術や素材が、最新の施工技術との出合いにより、現在に復権したわけだ。デジタル・ファブリケーションの役割や意義には、こんな側面もあるのだ。

eコマース

10年前であれば、eコマースの有用性は夢物語にしか思えなかったが、Amazonなしの生活が見当もつかない現在においては、eコマースの有用性は疑いのないところだろう。こんな状況を受け、これまで何度か試みられつつうまくいかなかった建築生産における部材や素材の調達への導入が、各所で再検討がなされているようだ。

多くの場で議論されてきたのは、建築生産にeコマースをもち込むメリットは、価格の透明性と、流通生産性の向上であり、そのためにはまず、業界全体での「標準化」が欠かせないというストーリーだと思う。実はこの標準化というのがここでも大きな悩みなのである。確かに、コンピューターを使って情報処理をするには、データ連携をスムーズに行うため標準化が必要なことは理解ができる。しかし実はこれは頭の中で構築された合理性、理想であり、現実社会で起こっていることとはあべこべの、絵に描いた餅ではなかろうかという気がしている。

eコマースの隆盛のためには、既存の建築部材流通市場に比べて、eコマースを通じた部材調達がさまざまな意味において優位となることが先に必要になるだろう。安さが最も分かりやすい優位さであろうが、調達時間の短さや、レアなアイテムの入手なども重要になるだろう。そうした優位性を獲得して、eコマースが存在感を示すような状況になって初めて、市場での取引の実態に合わせた標準化を目指すことが可能ではないかと、常々考えてきた。またいくら精緻に標準化しても、新しい商品や技術の登場により必ず更新が必要なため、膨大なエネルギーを注いだところで、標準化には完璧も完成もあり得ないだろう。むしろこの膨大なエネルギーとデータ処理を必要とする作業こそ、A.I.に任せられないだろうかと思っている。

IoT

IoTはInternet of Thingsの略語で、世の中の携帯電話や、家電や、自動車や、そして建築や都市までもが、相互にインターネットで接続されるようになった状態を指す言葉である。本章の議論のベースとなっている、インダストリー4・0の中でも重要視されている概念のひとつであることは、前述の通りだ。

ここでは特にIoTの実装により、建物や都市それ自体や使い方がどう変わっていくのかを考えてみたいと思う。建築に関して言えば、ふたつの方向があると考えている。ひとつは建築側にセンシング・ディバイスを取り付け、そこから情報を取り、インターネットを経由して建物を構成しているその他の機器や、コンピューターや、場合によっては建物を利用している人間に提供する方向である。もうひとつは、建物や都市側の装置などをインターネットからの情報を受け操作できるようにしておくことで、インターネットを介して建物をコントロールする技術だ。実際には両方向を共に成立させ、建築が周辺の建築や、内部に据えられた家電や、内部にいる人びとと相互に情報をやり取りしつつ制御し合い、建物やそれらが集まった都市をより高度にコントロールすることを目指した技術なのだ。

もう少し具体的な例で説明すると、建築や都市に実装されている空調機や窓がスマートフォンと連動して、周りの人の過半が暑いなと感じたら自動的に窓が開けられるといった制御が可能になったり、逆に建築に実装されたセンシングディバイスから情報を獲得することで、内部で働く人の個々のニーズに合わせて個別のサイネージを表示（トイレに行きたい男性にだけ、男子トイレの表示を示すといったイメージ）したりといったことが現実にできるようになるわけだ。今まででは考えつかなかったような使い方があるのではなかろうかと多くの企業が考え始め、IoTにはA.I.と並び大きな期待が寄せられている。

期待が膨らむ一方で、いまだ決定打が見えないのもIoTをヒートアップさせている原因かもしれない。例えば現在でも、僕らはスマートフォンにより常時インターネットで相互に接続した関係に置かれている状態であるし、さらにはGoogle homeやAlexaの愛用者であれば、家電もこのネットワークに組み込まれた体験をすでにしていることになる。僕自身も、ポケットにはiPhoneを、左手にはApplewatchをして、部屋の家電のほとんどはGoogle homeで操作する環境で生活しているが、正直それほど便利ではない。IoTはこんなことに留まっていてはいけない気がするのだが、そうかといって新しいビジョンも打ち出せない、そんなもやもやした状況が続いているのが現状だ。逆に言えば、IoTの魅力的な使い方を今打ち出すことができれば、建築界におけるIoTの方向性を先導できるに違いない。

僕自身はふたつのアイデアの実践を考えているが、現状では実現の目途は立っていない。もっとも、人間が思いつくことなんてそう差異のないものであるから、もしこれらが効果的なアイデアであれば、僕らが実践する前に、別の誰かがどこかで実践するはずだ。

1つ目のアイデアは、都市レベルのIoTの利用のアイデアで、僕自身は「ソフトウエア・インフラストラクチャー」と呼んでいるものだ。

例えば、ある駅の直近の土地に、8万人収容のスタジアムを建設したとする。これまでの都市計画、交通計画であれば、メインのアクセスルートを提供する至近駅を、8万人のピーク来場者に合わせて物理的なキャパシティ、例えばプラットホームの幅であるとか、通路や階段の幅や、改札の数などをつくり替えることが一般的であった。時には既存のマストラ（マストランスポーテーション）だけでは人員の輸送能力がそもそも不足し、新線の導入をしなければならない時もあるだろう。だが、IoTやＩＣＴをうまく使えば、別の可能性も見えてきそうだ。例えば乗換案内系のアプリと、チケット販売アプリを連動させることで、来場者の出発点から会場までの迂回経路や、前倒し来場などを推奨して交通を分散させ、その分散に協力した入場者には入場料金の一部を払い戻すようなインセンティブを与えることで、駅などのハードウエアをいじるよりも費用を抑えたかたちで、人員のよりスムーズな誘導を促せるかもしれない。そしてIoTによりリアルタイムに人員の移動状況をチェックすることで、必要な微調整を加えて、目的とする人員流動を、最小のコストで実現するのが、ソフトウエア・インフラストラクチャーの妙味であろう。このアイデアの適応範囲は、地下鉄に限らない。自動操縦の導入により、実は世界規模で自動車をはじめとしたモビリティに大きな変化が起ころうとしている。当然自動車のためのインフラである道路も、駐車場も、車寄せも、そのあり方を大きく変えるに違いない。その時既存のハードウエア・インフラ層の上に、こうしたソフトウエア・インフラ層を重ね合わせ、微調整や軌道修正を加えることで、いたずらにハードウエアをいじらない都市デザインや建築デザインが必要になるはずだ。

僕自身が、東京オリンピック施設のデザインに関わりがもてそうな時に真剣に考え始めたコンセプトであったが、デザイン的な関わりが消えたことで、夢物語に終わってしまった。だが最近類似したコンセプトが、東京オリンピックに向けて実践されるべく準備を進めているとの話を聞いた。ソフトウエア・インフラストラクチャーの実現の日は、そう遠くなさそうだ。

今ひとつ目指したいのは、IoTの活用により建築の中で当たり前の存在になっているものを変えることだ。これについて言えば、悩みもアイデアも尽きないといったところが本音だ。例えば、男性だけに見える（見せる）男性トイレのサイネージの話もそのひとつであるし、第2章の「拡張された視覚」で書いた、監視カメラが連動しわれわれの新しい視覚をもたらしてくれるといったものまで、世の中にも玉石混交の状態でアイデアが散らばっており、これまた、いまだ決定打が出ていない状況といったところだ。建築界で共有されている悩みのひとつといえそうだ。

Simulation（シミュレーション）

最後はシミュレーションだ。特にここではＩＣＴの利用や連携を考えているので、より明確に言えばコンピューター・シミュレーションということになる。シミュレーションとは、本来は目に見えないもしくは見えづらい現象を、事前かつ可視化して検証する技術であると定義できそうだ。そしてコンピューター・シミュレーションとは、可視化のプロセスにコンピューターを使用するものと定義ができるだろう。

繰り返し述べてきたように、建築の設計や生産は、ひとつずつ個別の一品生産が標準的だ。だから、実際につくり上げるまで、その建築がどんなものになるか、そしてどんな影響をつくりだすのかを予想することは、とても難しい。しかしながら、コンピューター・シミュレーションを使えば、風や光や音といった数式化が可能な物理現象であれば、実際に建物が完成する以前に、ある程度の予測ができるようになってきた。これは一品生産である建築物の品質を向上する上で画期的な技術となるに違いないと僕は考えている。

現在は、シミュレーションが本来必要とする膨大な計算量に比べ、コンピューターの計算能力が低いために、シミュレーションの結果を得るのに時間がかかったり、大づかみな予想しかできない場合が多いが、それでもシミュレーションが有ると無いのとでは建設後の予測精度がまったく異なり、現時点でもかなり有用なものとなっている。今後コンピューターの進化とともにシミュレーションは、都市や建築デザインの上で大きな役割を担うようになることは間違いなさそうだ。

僕自身の経験でも、「ＮＢＦ大崎ビル（旧ソニーシティ大崎）」ではバルコニーの避難計画のための人流のシミュレーション、バイオスキンの詳細設計に際しての温熱環境のシミュレーション、「ホキ美術館」では鉄板構造内における温熱環境や結露発生のシミュレーション、「On the water」という夏の別荘では各所からの景観シミュレーション、湖からの冷気が室内をどのように流れるかについてのＣＦＤ（数値流体力学 Computational Fluid Dynamics）シミュレーション、「桐朋」では壁面（音響拡散レイヤ）における音の拡散状況を予測するためにと、実に多彩なシミュレーションを行い、設計を進めてきている。

設計にはＢＩＭを用いていたため、その三次元形状と建築情報を使って、簡単に各種シミュレーションができると胸を張りたいところであるのだが、実情はそう甘くもない。なぜなら、設計初

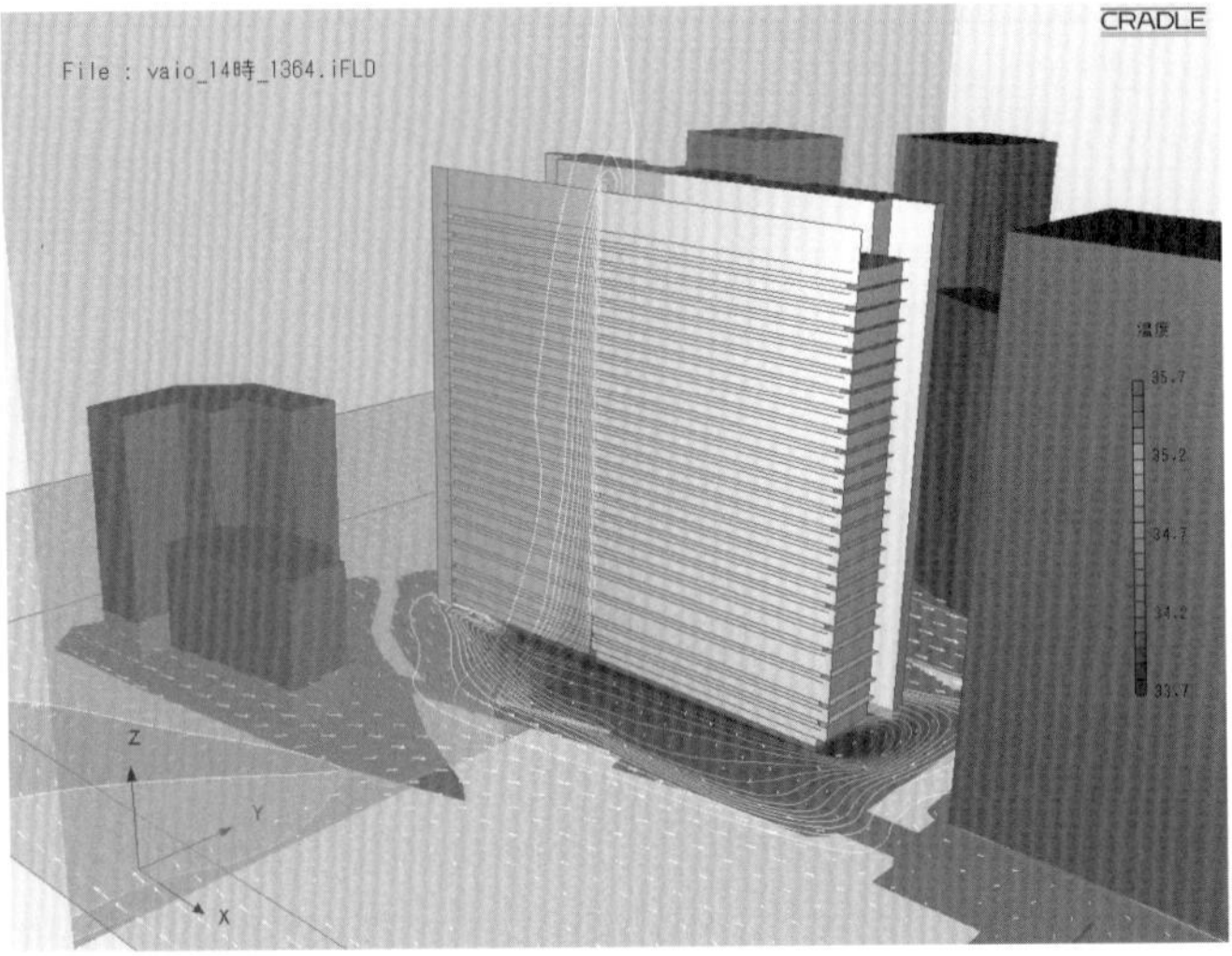

「NBF大崎ビル（旧ソニーシティ大崎）」バイオスキンシミュレーション

期ならばまだしも、設計をある程度進めた状態のＢＩＭの形状は、今のシミュレーション・プログラムの計算能力を考えると複雑すぎ、実はそのままでは使えないからだ。実際にはＢＩＭの形状から人間が人力でデータ圧縮を図るリダクションのプロセスを経なければ各種シミュレーションは行えない状況にある。残念ながら現実のABCDEisのデータ連携は、未だこういった実状に留まっており、この解決にはデジタル世界の職人技が使われているのが現状だ。

本章では、建築におけるインダストリー４・０をけん引していく、７つのキーワードを紹介した。同時に、それらのキーワードが、建築の設計、施工、そして管理といったフェーズを変革しつつあることを説明させていただいた。加えてもうひとつ指摘しておかなければならないのは、インダストリー4・0時代のモノづくりに対応した建築の種別自体の変化である。これまでは、モノは工場で、研究は研究所で、設計や営業活動はオフィスビルで行われてきたが、インダストリー4・0時代のモノづくりは、目的が機能から、よりセンシングしやすいアクティビティへと移ることにより、これらの在り方も大きく変わる可能性がある。

7つのキーワードをつなぐインターフェイスとは

重要なことは、7つのキーワードは単体であっても非常に強力なものだが、よりその力を発揮できるようにするためには、7つのキーワードを適切に統合することが必要になる。現時点では、A.I.も、BIMも、コンピュテーショナル・デザインも、デジタル・ファブリケーションも、eコマースも、IoTも、そしてシミュレーションも、個別の領域ではそこそこ実践の中で使えそうなものへと成熟してきている。一方で、ICTそしてデジタル情報連携のメリットを生かすためには、相互を架橋しつなぐインターフェイスが、ここにも必要となってくるわけだ。長らく、何がインターフェイスとなるかは皆目見当がつかなかったが、ここに来て、第2章の「もうひとつの世界」で取り上げたデジタルツインやミラーワールドこそが、7つのキーワードをつなぐインターフェイスではなかろうかという気がしてきた。ABCDEisともうひとつの世界をインターフェイスとしてつなぐことで、建築や都市をいかに変え得るか、そのデザインを提示できるか否かが、僕自身の目下の最大の悩みといえるかもしれない。

4　ルーズなインターフェイス　都市に軌道修正を加える具体的な方策として

ABCDEisで曖昧なインターフェイスをつくる

ここまでの書き連ねてきた悩みを数珠つなぎにすると、僕自身の悩みは次のようにまとめられそうに思えてきた。

もはや将来の予想が難しく、計画することが困難になってきた都市や都市建築をデザインするためには、もうひとつの世界で統合したABCDEisを使いこなして、連歌のごとく既存の都市や都市建築とつながりをつくり出すインターフェイスとしての建築を都市に企てることで、既存の都市や都市建築に絶え間ない微調整を加え、軌道修正を図ることが有用であろう。

言い換えればこれは、ABCDEisともうひとつの世界を駆使して、都市に「ルーズなインターフェイス」をつくるという提案である。いろいろな実践手法があるだろうが、僕自身はこれまでの実務経験を通して、軽量で加工しやすく、時にＤＩＹすら可能な素材を使うことが重要ではないかと思案しているところだ。

木材でインターフェイスをつくることの意味

ルーズなインターフェイスをつくり出す素材は、スカンジウム合金（ここではアルミニウム－スカンジウム合金を意味している。極めて強度が高く、海氷下から発射されるミサイルの先端や、身近なところではドーム型テントの支柱に使われている）やＣＦＲＰ（炭素繊維強化プラスチック）のような軽量かつ強度をもった新素材が有力になると思われるが、現時点で最も有効かつ安全なのは、素材自体をバイオ技術で生産することであろう。ありきたりではあるが、木材や、紙や繊維がつくる膜が、建築の中で使われてきた伝統もあり、環境に優しく、加工もしやすいといった、多くのメリットをもち合わせた材料ということになると考えている。もちろん、燃えやすいといったデメリットの克服は必要になるが。加えていえば、木材の安定した利用は、日本の山林に安定したサイクルをもたらし、治水をはじめとした視点から見ても、国土を保全するための重要な行動であると考えているからだ。日本の国土の約７割が森林に覆われていることを知る人は多いが、実はその４割が人工林であるという事実を知らない人は多い。つまり、国土の約３割を人工林が覆うという日本においては、山林に適切な伐採や植林という持続可能なサイクルを復活させ、山林の健全さを守らなければならないという宿命がある。実は江戸時代においても自覚されていた事項ではあったが、現代では日本に住む人びとの頭の中から消え去ってしまった概念である。たまたまこの本の執筆の最終局面に差し掛かった

2019年9月に台風15号が日本を襲った。その際、千葉県において広範囲な停電が約1か月にわたって発生し、社会的に大きな関心を集める事態となった。その際に長期停電の原因となったのが、林業の衰退により放置された山林の倒木であったことが明らかになり、にわかに注目を集めた。こうした状況を改善するためにも、都市のインターフェイスには木材を利用したいところだ。

適材適所の木材利用

とはいえ、都市建築のすべての部分を木材や紙や布でつくろうというわけではない。都市建築の中でも、これらの素材を使った方がメリットを得られる部分を丁寧に探して、適材適所で用いることが必要だと考えている。例えば、外装を建物の内外をつなぐインターフェイスとして積極的にデザインするのであれば、木材を使ったティンバー・インターフェイスは、かなり効果的な選択肢になると思われる。すでに「木材会館」でSRC造の構造体の上に施したティンバー・インターフェイスを実践し、住友林業と進めている「W350計画」では、木造を主体とした高さ350mのハイブリッド構造のファサードにティンバー・インターフェイスを展開することを検討している。

ファサードのティンバー・インターフェイスが、建築物の内外や都市を水平方向につなぐエレ

「W350計画」イメージ

メントであるとすれば、建物の最上階を木造化して印象的なスカイラインを形成することは、建築物の内外を垂直方向につなぎ、都市を空へとつなぐインターフェイスを生み出すといった、デザイン面での効果が大きい部分かもしれない。また、建物の最上階は自分自身の荷重を支えるための構造体といえるため、自重が軽い木材のメリットは生かしやすい。そして最上階には、ペンシルビルであればオーナーの住宅、オフィスビルであれば役員室、商業ビルやホテルであればスカイラウンジなど、いわゆる基準階とは異なる特別な用途が配されるケースが多い場所である。本来は構造体のスパンなども基準階とは異なるものが求められることも多く、軽量で融通の利く木構造を採用するメリットが多々あるはずだ。これ

「長崎県庁舎」最上階ホール

までにもすでに、「木材会館」の最上階（オフィスビルの最上階に配された大ホール）や長崎県庁舎の最上階（庁舎の上に配された展望施設）などで、適材適所の木材利用を行ってきたが、第2のティンバー・インターフェイスとして、ビルの最上階木化を進めていきたいと考えている。

もうひとつはビルの足元、特にポディアム（高層ビルの足元の基壇状の低層部）と呼ばれる低層部分の木化である。日本で最初に複数の超高層ビルが立ち並んだ新宿の副都心では、各超高層ビルは周辺に豊かな公開空地を取っていて、さながら公園の中にスタンドアローン（他の建物とは連続せず、単独で建っている状況）で建っているような様相を呈し、超高層ビルが相互に手をつなぎ、連携しているイメージはほとんどない（実際には地下で連結しているが）。

ところが、昨今の渋谷における開発などを見ていると、地上から地下にかけての低層部が複雑につながり、まさにインターフェイスとなって超高層ビルをつなぎ、都市的な様相をつくり出している。

こうした足元のインターフェイス、特に地表に露出した低層部は、周辺の開発の状況や進捗、そして商業マーケットの変化により、超高層ビルの本体の骨組みに比べてはるかに短いライフスパンで建設そして解体がなされるのが常だ。こうした部分を、増築や移築、そして曳家も容易で、解体しても廃材が転用しやすい木造でつくれば、材料廃棄の機会は激減し、状況の変化に合わせてフレキシブルに変化するインターフェイスとして活用できそうだ。

これこそが、木材を使った曖昧なインターフェイスの真骨頂といえそうだが、残念ながらこれもまた実プロジェクトでは実践する機会が得られていない。

目指すべきは、木造にABCDEisを組み合わせて、都市やアクティビティの変化に寄り添った、ファサード面で、屋上で、そして足元でインターフェイスをまず準備することであろう。次にはもうひとつの世界を通して、インターフェイスの挿入による都市やアクティビティの変化を把握して、再びABCDEisを介してインターフェイスを微調整させつつ、都市を目指す方向へと軌道修正していくことになりそうだ。その結果、都市のエレメントや都市建築は、状況や都市やアクティビティの変化に合わせてフレキシブルに変化するアメーバ状の緩いティンバー・インターフェイスをまとった、新しい都市や都市建築を生み出せるかもしれない。

ビジョンか、プラットフォーマーか、声か？

木材を使ったインターフェイスを実現するためには、国策レベルでの後押しも必要かもしれない。すでに、平成22（2010）年には「公共建築物等における木材の利用の促進に関する法律」が成立したが、より積極的な木材利用を促すには、大規模複合開発における適材適所の木材利用や木造化に対して容積の割り増しなどのインセンティブを与える、といった大胆な施策が必要になる。

このためには、木材利用が山林の健全な育成につながり、それが国家レベルの社会的、環境的、そして経済的意味をもつことを国民に示し、広くコンセンサスを得るための国家的「ビジョン」が、示される必要がありそうだ。木材と建築と都市を橋渡しする大きなビジョンを描くことこそが、行政や林業関係者をはじめとした木材に関係する人びとに今託されている大きな課題ではなかろうか。もっとも、GAFAなどのいわゆるプラットフォーマーが世の中の新たなスタンダードを事実上は築いている時代に、国にビジョンを求めるのは、時代の趨勢を読み違えているのかもしれない。むしろインターネットやもうひとつの世界を介した、より民主的で草の根的な「声」をかたちづくることを考えなければいけないのかもしれない。

都市とティンバー・インターフェイス
展示画像「未来と芸術展：AI、ロボット、都市、生命――人は明日どう生きるのか」（森美術館、2019～2020年）

とにもかくにも、都市や建築をつくる役割にある僕らは、建築と周辺との「切る／つなぐ」の関係に積極的に介入し、ABCDEisとともにデジタルツインやミラーワールドを駆使して、ルーズなインターフェイスを仕掛け、建物内外と建物相互やインフラと連歌のごとく緩くつなぎ、都市を適切な方向へと軌道修正することを目指すべき時代が到来しているように思っている。同時に、そうしたインターフェイスを建物のファサードで、最上階で、他の建築やインフラにつながる低層部においてつくる具体的な適材のひとつとして木材を位置付け、ティンバー・インターフェイスの可能性を提言していきたいと考えている。

あとがき――仲間へのお礼に代えて

僕自身が日ごろもやもやと建築について悩んでることを書き連ねることで整理し、読者にそれを投げかけることで共に考えることを目論んで書き始めたのが本書のきっかけではあるが、結果としては現時点の僕の建築的な悩みの骨格は、「切る／つなぐ」として見えてきたように思っている。

まず、まえがきでは、建築や都市のデザインという仕事がそもそも悩み多き仕事であり、今やその建築や都市のつくり方やデザインの仕方が大きな転換期を迎え、悩みはさらに深く、広くなることを嘆いた。その悩みの極みが、建築をデザインする職能としてゆるぎない存在と思われている建築家の存続が怪しくなっているというものだということを書いた。

第1章では、そもそも建築の原点とは何かといった大上段の問題を取り上げ、僕にとっては、一様な世界の一部を切り取りつつ、つなげる妙味の中に生まれるものではなかろうかと、悩みつつもたどり着いた。そしてその視点から今の日本の都市建築や都市づくりを見た時には、切ることよりもむしろつなぐことがうまくできていない弊害が広がっているように思われた。それを象徴する事態が、連日のように新聞に現れる、ひきこもりや、孤独死や、幼児虐待なのではなかろうか、ということを書いたつもりだ。

第2章では、都市や都市建築のデザインにおいて、建築相互や都市と建築をつなぐための具体的な方法論として「インターフェイス」の考え方を紹介した。さらには、都市や建築が複雑化し予測が難しくなってきた状態の中では、計画はますます困難になり、代わって絶え間ない微調整で既存の建築や都市に微調整を加えていく必要があり、そのためにはルーズなインターフェイスをつくって、都市を連歌のようにつないでいくことが有効なのではないかと、書いてみた。

最後の第3章では、「計画」だけでは都市づくりや建築づくりが困難になって来た状況においては、都市や建築のデザインの軸足は計画からアルゴリズムへとシフトし始めることと、個別の事象を重んじたデザイン手法が必要であり、そのヒントはインダストリー4.0のモノづくりにおけるマスカスタマイゼーションに隠されていそうであることを指摘した。そして、僕が本書の中でABCDEisと名付けたICTを肝とする7つの動きがすでに建築デザインや都市づくりの中で動き始めていること、そしてこれを取りまとめていくものが、最近デジタルツインやミラーワールドと呼ばれる、現実世界のデジタルミラーコピーがかたちづくる「もうひとつの世界」ではなかろうかとの自説を開陳させていただいた。それらを用いた具体的なルーズなインターフェイスの事例として、木製の「ティンバー・インタフェイス」を捉えていることを追記させていただいた。

いずれの悩みもストーリーも、学術的な裏付けや統計的な根拠の裏打ちはなく、実務の中で僕が見て、聞いて、そして悩んだことを書き連ねたテキストにしか過ぎないが、この本を偶然手にしたどなたかが、本書の中のどこかに共感していただくか、はたまた疑問を抱いてもらえれば、その悩みについて共に考え、よりよい解決が生み出せ、悩みを昇華していけるかもしれないとの思いで書き連ねてみた。

第3章の終わり近くの「適材適所の木材利用」の末尾に、ルーズなインターフェイスが都市を目指す方向へと軌道修正を行う様子を「アクティビティの変化に合わせてフレキシブルに変化するアメーバ状の緩いインターフェイス」と書いたが、これについてここに若干の注釈を加えたい。

実はアメーバ以上に、ここで想定しているインターフェイスの成長や変形にぴったりのイメージをもっているものがある。ご存知の方もいらっしゃると思うが、「モジホコリ」という粘菌の一種が、集合し巨大化した「変形体」と呼ばれるものの増殖や変形の際に見せる振る舞いだ。

モジホコリは粘菌ではあるが、ある種の「知性」をもっていて、餌を配置した迷路の中に放り込まれると、試行錯誤の後に最適ルートを発見することができるといわれている。試行錯誤のアルゴリズム自体は単純そうだが、総体としての振る舞いは、まさに本書が目指すルーズなインターフェイスがとるべき行動である、微調整の繰り返しの果てに適切な軌道修正を実現したものとして見えてくる。まさにモジホコリのような振る舞いをするルーズなインターフェイスが、今、都市の軌道修正には必要に思っている。本書を書き終えた後には、モジホコリのアルゴリズムに沿ったティンバー・インターフェイスを、現実の都市の中でシミュレーションしてみたいと考えている（モジホコリが独自の知性で迷路を解くプロセスの研究で、中垣俊之北海道大学准教授（当時）が２００８年のイグノーベル認知科学賞を受賞されている）。

話題は大きく変わるが、本を通して見知らぬ人が会話をするなどと言ったら、10年前まではただの口先のポーズに過ぎなかったのであったが、今ではＩＣＴの発達の恩恵のもとで発達し、日々のツールとなったＳＮＳをインターフェイスとして生まれている拡張された友人関係のおかげで、現実に可能となっている。事実、僕も、FacebookとTwitterを介してつながっている２０００人を超える友人とのつながりから得らえる情報が、日々のデザインワークの中で大きな位置を占めるようになってきたことを実感している。実は本書も、こうしたＳＮＳ上でのチャットが構想のきっかけとなっている。

一方で、日建設計という企業に所属し、建築のデザインを行っている僕にとっては、チームワークはあらゆる作業で基本になっている。

たとえば本書の執筆は、会社の仕事とはまったくの個人的な作業であるはずだが、ここに書いた内容のベースとなっているのは、日ごろ会社でデザインワークを共にしているメンバーとの打ち合わせや、何気ない雑談の中で交わした内容に大きく影響を受けていることは間違いない。特に、この本の執筆期間にちょうど重なったふたつのプロジェクト、ヴェネチア・ビエンナーレのキュレーターコンペと森美術館で開催されている「未来と芸術展：ＡＩ、ロボット、都市、生命——人は明日どう生きるのか」（２０１９年11月19日～２０２０年３月29日）への「Loose Interface」の木製モックアップ出品計画を共に進めてくれた、以下の皆さんとの日々の会話があったからこそ、この本がかたちを成したと思っている。この場を借りてお礼を伝えたい。ありがとうございました。

青柳創さん、石月亜希子さん、石原嘉人さん、押川毅さん、加瀬美和子さん、栗原悠紀さん、佐々木大輔さん、笹山恭代さん、添田昂志さん、角田大輔さん、羽鳥達也さん（あいうえお順）

ひと通り書き終えた今、次の仕事への何らかの手掛かりが見つかったように感じると同時に、新たな悩みの始まりを予感している。

クレジット一覧

●写真・図版提供
野田東徳／雁光舎（撮影）　35ページ、36ページ、38ページ、39ページ、41ページ、42ページ（下）、47ページ、48ページ、91ページ、113ページ、114ページ、115ページ、119ページ、122ページ、128ページ、142ページ
渡辺 篤／© 2019 Atsushi Watanabe Photo: Keisuke Inoue, Photo assistant: Ryoko Inoue　56ページ
見里朝希　58ページ
住友林業＋日建設計　141ページ
日建設計　42ページ（上）、44ページ、49ページ、60ページ、112ページ、118ページ、121ページ、126ページ、127ページ、136ページ、145ページ

●編集協力
南風舎

山梨知彦（やまなし・ともひこ）
1960年神奈川県生まれ。1984年東京藝術大学建築科卒業。1986年東京大学大学院修了。日建設計に入社。現在、常務執行役員、チーフデザインオフィサー。（建築設計の実務を通して、環境建築やBIMやデジタルデザインの実践を行っているほか、木材会館などの設計を通じて、「都市建築における木材の復権」を提唱している）
主な受賞にRIBA Award for International Excellence「桐朋学園大学調布キャンパス1号館」、Mipim Asia「木材会館」、日本建築大賞「ホキ美術館」、日本建築学会作品賞「NBF大崎ビル」、「桐朋学園大学調布キャンパス1号館」、BCS賞「飯田橋ファーストビル」、「ホキ美術館」、「木材会館」、「NBF大崎ビル」、「桐朋学園大学調布キャンパス1号館」がある。
主な著書に『山梨式 名建築の条件』（日経BP、2015）、『業界が一変する・BIM建設革命』（日本実業出版社、2009）、『プロ建築家になる勉強法』（日本実業出版社、2011）がある。

TOTO建築叢書 11

切るか、つなぐか？
建築にまつわる僕の悩み

2020年2月25日　初版第1刷発行

著　者　山梨知彦
発行者　伊藤剛士
発行所　TOTO出版（TOTO株式会社）
〒107-0062 東京都港区南青山1-24-3 TOTO乃木坂ビル2F
［営業］TEL．03-3402-7138　FAX．03-3402-7187
［編集］TEL．03-3497-1010
URL: https://jp.toto.com/publishing
印刷・製本　大日本印刷株式会社

定価はカバーに表示してあります。

Printed in Japan
ISBN978-4-88706-384-6